Gütersloher Taschenbücher / Siebenstern 1094

Seht, welch ein Mensch!

Kirchentag '87

Mit Beiträgen von

Heinrich Albertz, Volkmar Deile, Jürgen Döring, Klaus Eulenberger, Hermann Häring, Peter Kollmar, Siegfried von Kortzfleisch, Karl-Josef Kuschel, Pinchas Lapide, Elisabeth Moltmann-Wendel, Peter von der Osten-Sacken, Kurt Scharf, Luise Schottroff, Dorothee Sölle, Wolfgang Teichert, Antje Vollmer, Günter Wallraff

Herausgegeben von
Raul Niemann

Gütersloher Verlagshaus
Gerd Mohn

Originalausgabe

CIP-Kurztitelaufnahme der Deutschen Bibliothek

Seht, welch ein Mensch! / Kirchentag '87. Mit Beitr. von Heinrich Albertz ... Hrsg. von Raul Niemann. – Orig.-Ausg. – Gütersloh: Gütersloher Verlagshaus Mohn, 1987.
(Gütersloher Taschenbücher Siebenstern; 1094)
ISBN 3-579-01094-8

NE: Albertz, Heinrich [Mitverf.]; Niemann, Raul [Hrsg.]; Deutscher Evangelischer Kirchentag ‹23, 1987, Frankfurt, Main›; GT

ISBN 3-579-01094-1

Umschlaggestaltung: Dieter Rehder, Aachen unter Verwendung des Gemäldes »Ecce Homo« von Lovis Corinth, Öffentliche Kunstsammlung Basel, Kunstmuseum / Colorphoto Hans Hinz
Gesamtherstellung: Clausen & Bosse, Leck
Printed in Germany

Inhalt

Die Menschwerdung,
die einzige interessante Geschichte,
die jemals vorgekommen ist.

Charles Péguy

Vor-Worte

Der kumpelhafte und volkstümelnde Spruch »Immer Mensch bleiben!« erweist sich bei näherer Betrachtung als zweifelhafte Aufmunterung. Denn – ist das Wesen, das sich da mit seiner Gattungseitelkeit als »human« ausgibt, wirklich so menschlich? Kulturkritiker und Zivilisationspessimisten, die diese schöpfungskrönende Spezies und ihr blutiges Treiben in der Weltgeschichte ernüchtert betrachten, äußern Bedenken, erheben Einwände: Der aufrechtgehende Zweibeiner sei doch vielmehr eine »Schöpfungspanne«, ein »Irrläufer der Evolution«, ein selbstmörderisches »Untier«, ja vermutlich nur eine hoffentlich bald »vorübergehende Episode«. Und in der Tat: Schaut man sich das an, was unter der Vorherrschaft der Urenkel von Adam und Eva auf dem Globus vorgeht, so erscheint der Mensch ganz und gar nicht als so »edel, hilfreich und gut«, sondern vielmehr als das abgründige Gegenteil. Die himmelstürmende Forderung des Philosophen Friedrich Nietzsche, daß der Mensch als das »nicht festgestellte Tier« etwas sei, was überwunden werden müsse, ist deshalb nicht so ganz von der Hand zu weisen. Und jene, die da immer noch ebenso lauthals wie unüberlegt die Parole »Weiter so!« verkünden, machen erschrocken. Das, was sich oft als »Mensch« ausgibt, ist zumeist nur der theatralische Rolleninhaber menschlicher Darstellung.

Was steckt hinter der Maske des schillernden Erscheinungsbildes? Der große katholische Theologe Karl Rahner bekennt offen: »Was ist der Mensch? Ich will, was meine Antwort angeht, nicht lange um den Brei herumreden. Ich meine: Der Mensch ist die Frage, auf die es keine Antwort gibt.«
Wieviel mehr ist uns der »Menschensohn« JESUS ein Rätsel. Der römische Statthalter stellt dies vor aller Öffentlichkeit fest, er ist irritiert, bekommt Gewissensbisse, den seltsamen Delinquenten hinrichten zu lassen. In jenem Zimmermannssohn aus dem Dorf Nazareth, so das christliche Credo, ist Gott »wahrer Mensch« geworden, also Allernächster, Leidensgenosse und Schicksalsgefährte der Menschen. Am Anfang ein kalter Stall, am Ende das mörderische Kreuz. Dieser Jesus ist, der Schrift nach, der gelungene Entwurf des Menschen, das eigentliche humane Ebenbild Gottes. Der überirdisch verklärende Heiligenschein erstrahlte über allem erst hinterher, wie es so oft ist, wenn man die Vergangenheit vergeßlich und aus behaglichem Abstand als die »gute alte Zeit« zu rosig betrachtet. Nur zu schnell hat man in der Kirchengeschichte das erdverbundene Menschsein Jesu verdrängt, vergessen, übergangen und das hilflos gläubige und unkundige Volk auf ein Jenseits verwiesen, auf das »Eiapopeia vom Himmel« vertröstet, wie es bitter der Dichter Heinrich Heine anmerkt.
Der 22. Evangelische Kirchentag in Frankfurt am Main hat sich den alten Pilatusspruch aus dem Johannesevangelium »Seht, welch ein Mensch!« zur Losung gewählt. Mit diesem konkreten kirchlichen Ereignis und insbesondere mit dem so »menschlichen« Bibelwort setzen sich die unterschiedlichen Autoren mit ihren Beiträgen in dem vorliegenden Taschenbuch auseinander. Und – damit keine falschen Hoffnungen aufkommen, hier geht es ganz und gar nicht um ein einlullendes und weltflüchtiges »Entsagungslied«. Es geht vielmehr wortwörtlich um »Gott *und* die Welt«. Denn schon immer hat sich das Evangelium in die sogenannten »inneren Angelegenheiten« des Menschen eingemischt. Zwangsläufig wurde das »Wort vom Kreuz« stets als eine die irdischen Verhältnisse gefährdende Provokation verstanden, so daß die Mächtigen das Christentum nur zu gerne bis auf den heutigen Tag darauf verweisen, doch – bitteschön! – ausschließlich die »letzten Dinge« zu verwalten, sich aber nicht um die innerweltlichen Sachen zu kümmern.

Auf den folgenden Seiten bleiben die Verfasser deshalb nicht bei schöngeistig sakralen Betrachtungen und höchst erbaulichen Gedanken stehen, sondern denken fromm und kritisch nach als Christen, die mit allem Nachdruck Gott *und* seine Geschöpfe ernst zu nehmen versuchen. Die inhaltliche Palette der Themen ist groß, aber die einzelnen Ansätze ergänzen einander, verweisen aufeinander. Die Beiträge wollen insbesondere angesichts des Kirchentages und seiner Losung Impulse zum konkreten Glauben, Denken und Handeln vermitteln. Andererseits laden die Autoren zu einer inhaltlichen Auseinandersetzung ein, sie wollen mit den vertretenen Positionen aber auch, ganz nach alter christlicher Tradition, Widerspruch erzeugen, Anstoß erregen. Insofern stellt dieser Band einerseits eine Art Vorbereitungslektüre zur inneren Einstimmung auf den Kirchentag dar, andererseits will er mit den so unterschiedlichen Texten einen neuen Zugang zu dem »Menschenwort« Gottes vermitteln.
Von Anfang an löste der Plan für dieses Taschenbuch von vielen Seiten unerwartet große Resonanz aus und äußerte sich in der engagierten Mitarbeit der Autoren. Ich war darüber sehr überrascht, zugleich überzeugte mich dieses produktive Echo von der Bedeutsamkeit des Vorhabens. Deshalb möchte ich noch einmal an dieser Stelle allen Autoren ganz herzlichen Dank sagen, die an der so facettenreichen Aufsatzsammlung tatkräftig mitgeholfen haben.

Raul Niemann

Siegfried von Kortzfleisch

»Seht, welch ein Mensch!«

Zur Kirchentagslosung 1987

Was ist der Mensch? Schau in den Spiegel. Sieh dich an: Ein Gebild aus Angst und Zuversicht, Stärke und Schwäche. Du mühst dich, bist enttäuscht, getraust dich dennoch zu hoffen. Deine Augen suchen Himmel und Erde. Deine Arbeit bewirkt, wenn es gutgeht, Erfolg oder Überleben. Und wenn es schiefgeht oder alles, was wie Erfolg aussieht, sich als hohl erweist, wer hilft über den Graben der Lebenstrauer? Du siehst dich – in Widersprüchen.

Was sind die Menschen? Schau in den Weltspiegel auf dem Bildschirm. Sie reden hohe oder leere Versprechen. Sie rüsten und kriegen, retten und helfen, lieben und schlagen einander. Sie geraten in Glück oder Unglück, auf die Straßen, die nach vorne führen, oder die der Flucht und Verbannung. Sie gelangen in heilende Hände oder die der Häscher und Folterknechte. Etliche unterdrücken, beuten aus, kennen keine Rücksicht. Andere treten gegen Tyrannen für das Recht ein, klagen Mörder und Schurken tapfer an: Widersinnige, widerspenstige Wesen, uneindeutig. Großartig und kümmerlich, je nachdem.

»Was ist der Mensch, daß du seiner gedenkst?« fragt der Dichter des 8. Psalms seinen Gott; denn du, Gott, so wundert sich der Psalmist staunend, setzst den Menschen – diesen Menschen – ein »zum Herrscher über das Werk deiner Hände«. Folgen wir dem frommen Juden in seinen Gedanken: Er kann von den Menschen nicht reden, ohne von Gott zu reden, der sie schuf. Er preist Gott, weil der es trotzdem gut meint mit den Menschen, ja sie »mit Ehre und Hoheit krönt«, wo sie doch weit entfernt sind, sich würdig zu erweisen solcher himmlischer Wohltat. Er erinnert seinesgleichen an den Auftrag, den Gott seinen Geschöpfen gab: Sie sollen Verwalter – Hüter der Erde sein; denn eben das ist mit »Herrscher« gemeint. Der Psalm-Beter weiß, es ist dringend, daran zu erinnern; der Auftrag wird schludrig wahrgenommen, mal gut, mal nachlässig. Vor allem – der Mensch schwang sich auf zum Beherrscher der Erde aus eigenem Recht. Er neigte dazu zu vergessen, daß er Gott Antwort schuldet. Er überhörte den Ruf: Adam, wo bist du?

Eine allgemeine, aber folgenreiche Einsicht ergibt sich daraus. Gott, Mensch und Welt, diese drei – keins ist ohne das andere zu haben. Das ist ein Grund-Satz des biblischen Glaubens. Wer ihn bekennen kann, befindet sich auf der Höhe der Theologie.

Kehren wir zurück in die geschichtliche Realität, mitten hinein in eine äußerst dramatische Szene der religiösen Weltgeschichte: Jesus, Pilatus und die demonstrierenden Menge. Sie ringen um Tod und Leben. Es ist Donnerstag vor dem Passah-Fest. Die Entscheidung drängt. Pilatus schwankt. Er fühlt sich unwohl zwischen römischem und jüdischen Rechtsdenken. Die Anklage heißt, er, Jesus, wolle König der Juden sein. Die Kläger spielen mit dem (damals jedermann im jüdischen Land geläufigen) Doppelklang des Wortes König. Das kann ein politischer Machthaber sein – oder die Würde des Erlösers, auf den alle warten, der Messias. Je nachdem hieße die Klage: Jesus sei ein Usurpator, der den römischen Kaiser schmäht, oder Jesus verführe die Gläubigen und er lästere Gott Jahwe. Todwürdig war beides, wenn denn der Vorwurf stimmte.

Pilatus, des Kaisers Prokurator, ein Heide, glaubt offenbar nicht an Jesu Schuld. Er führt Jesus vor, mit den Insignien, die der Anklage entsprechen, mit einem Kranz (der »Krone«), aus Akanthustrieben geflochten, und dem fürstlichen Purpur-Umhang. Und nun fällt der Satz, der seither widerhallt in der christlichen Geschichte: »Seht, welch ein Mensch.« So einfach, so vielschichtig, so vieldeutig.

Eine erste Schicht: Pilatus will nüchtern werden. Seht, das ist er nun! Ein schlichter Mensch, ohne alle Gesten des Machtanspruchs. Er kommt mir nicht gefährlich vor für des Kaisers Reich; und er trägt nicht den heiligen Schein des Reiches Gottes, von dem ihr träumt. Er ist nichts anderes als jedermann, ist wie das, was ihr seht, wenn ihr in den Spiegel schaut. Normal, fehlbar, üblich. Das hieße, Pilatus folgte einem realistischen Bild vom Menschen, und Ausnahmen kennt er nicht, auch Jesus ist keine. So ähnlich freilich liest es sich ja auch in der Weihnachtsgeschichte bei Lukas. Jesus, ein Kind, in Windeln aus alten Kleidern eingewickelt, auf einer Reise geboren, Zimmermanns

Sohn. Er ist wie wir – wir sind wie er. Also können wir ihn Bruder Jesus nennen. Und niemals mußte ich mich grämen, weil ich so bin, wie ich bin, so normal, so fehlbar, so üblich.
Eine zweite Schicht: Der Evangelist Johannes sieht hinter dem Angeklagten Jesus mit Dornenkranz und roter Stola seine besondere, seine mehr als irdische Biographie. Er ist doch, so irdisch er auch lebt, Gottes Sohn. Wichtiger als alle anderen Menschenkinder Gottes, einzigartig wichtig. Denn in ihm, so besagt es das Glaubensbekenntnis, das für Johannes schon galt, ward Gott selbst ein Mensch. Die Losung »Seht, welch ein Mensch« gewinnt an Ausstrahlung. Seht, wie wahrhaftig und wirklich Gott eingedrungen ist in die (Un-)Menschlichkeit der Menschen. Er geriet nun sogar selbst in die Hände der Häscher und Folterknechte. Niemand gäbe mehr einen Heller für ihn. Erfolglos, verloren, dem heilig-unheiligen Eifer der Religionsgenossen ausgesetzt. Ein Mensch – Opfer der Menschen.
Er ist wie wir – doch nun bleiben wir nicht stehen bei dem selbstgenügsamen Realismus des Pilatus. Wir können vielmehr die Hoffnung schöpfen, wir müßten nicht nur so bleiben, wie wir sind, nicht nur verharren, wo wir sitzen. Gewiß, uns kann es so ergehen wie Jesus, daß wir an den Rand der Verzweiflung geraten, tief niedergedrückt (Mein Gott, warum hast du mich verlassen). Wir können diffamiert und angepöbelt werden wie er (Wenn du Messias-König bist, warum rettest du dich nicht selbst?). Jedem kann es passieren, daß die Freunde einen verraten, daß die Solidarität der Feigheit verfällt (Petrus: Mit dem Menschen habe ich nichts zu schaffen). Aber wir wissen, Jesus hat diese Tiefen überwunden. »Am dritten Tage auferstanden«, bekennen die Christen; er hat dem Tode, dem Verfall, der schieren Üblichkeit die Macht genommen. »Seht welch ein Mensch« – er kann über sich selbst hinaus kommen. Wie er – so wir.
Oder: Der Mensch Jesus war unter uns – wir aber gehören irgendwohin in die Umgebung der Ostergeschichte. Wir gleichen den Frauen, die weinen und nicht weiter wissen; den Wärtern, die ihre Opfer verspotten; den Jüngern, die von der Auferstehung zunächst gar nichts zu halten vermochten; den vielen Passanten, die am Tag der Kreuzigung – unbeteiligt neugierig, ja sensationslüstern – das »Schauspiel« hatten genießen wollen, Tagesschau ohne Medium. Ähneln wir nicht auch dem Petrus, der, voller Angst, seinen Jesus verleugnete? Dreimal

krähte der Hahn – dreimal tausendmal tausendmal krähte er seither.

Doch Jesus verdammte Petrus nicht. Er ließ ihn Gemeinde aufbauen. Er verzieh auch Schächern, die ihre Strafe verdient, und Schergen, die sie vollzogen hatten. »Vater, vergib ihnen, denn sie wissen nicht, was sie tun.« Er vertraute dem Johannes seine Mutter verbindlich an, stiftete – noch im Sterben – Gemeinschaft.

Ein Mensch mit Zukunft zeichnet sich ab. Ein Versöhnter, ein bewegter, ein neuer Mensch – eine fromme Vision. Gott bekräftigt und erneuert seinen Auftrag an ihn: Wache über die Erde; du bist mein Mitarbeiter als treuhänderischer Verwalter der Schöpfung. Geh mit ihr sorgsam um. Gott erneuert auch die Gemeinschaft zwischen den Menschen. Versagen oder Schuld, die zwischen ihnen stehen, sind vergebbar, tilgbar. Schlechtes Recht, tödliches, läßt sich überwinden. Konflikte sind lösbar ohne Gewalt. Not kann man verhüten, ihren Ursachen begegnen. Es gibt Wege nach vorn. Man kann auf eine Entwicklung zum Besseren setzen, hin zu einer lichteren menschlichen Welt. Es bleibt nicht bei Grau in Grau, Tod in Tod, Leben ist angesagt. Auferstehung dereinst – ein Abglanz vom erhofften Heil schon jetzt.

Seht, welch ein Mensch – die Losung des Kirchentages Frankfurt 1987 macht Mut. Mut brauchen aber auch alle, die ihn verkünden. Er versteht sich nicht von selbst, anders als gängiger Optimismus. Viel widrige Winde hält der Zeitgeist bereit. Ein übergroßes Maß an Skepsis und – höllische Angst: Menschen verzweifeln, leidgeprüft, an Menschen, an ihrer Begabung zu heiß/kalten Kriegen, Holocaust, Hiroshima, Hungerwirtschaft, Horror und Hochrüstung. Und, daneben, ein sehr großes Maß an selbst-betrügerischer Hoffnung: Viele Menschen setzen auf die falschen Mittel, auf Flimmer, Gurus oder Drogen, auf Raketen oder andere Kraftmeierei – bedrohliche Spiele. Wie gehen Christen damit um? Wie können sie »neues Menschsein« wahr machen?

Sie müssen nach Wegen suchen. Etliche hat ihnen Jesus schon gezeigt. Man kann versuchen, sich ihnen anzuvertrauen. »Frieden stiften«, zum Beispiel. Liebe üben; miteinander reden; das menschliche Maß wieder halten; böse Gewalt bekämpfen; Mitgefühl gegen Kaltherzigkeit stellen; die Vernunft gegen die Willkür durchsetzen.

Christen, die das tun, Menschen des guten Willens, die es mit ihnen erproben, müssen mit Rückschlägen rechnen. Sie treffen Leute, die von »neuen Menschen« nichts wissen wollen. Einige schreien gehen den neuen Menschen den mörderischen Schrei »Kreuziget ihn«. Andere beteuern, »die Verhältnisse, die sind nicht so« (B. Brecht), die Zwänge wirken. Wir warnen euch, sagen sie – im Namen der öffentlichen Ordnung, der geltenden Paragraphen –, nehmt den Mund nicht zu voll. – Dann muß sich die Geduld der Christen bewähren. Dann gilt es, hartnäckig zu sein – treu in der Nachfolge Christi.
Seht welch ein Mensch. wie wird er künftig erscheinen? Die Zukunft ist offen. Der neue Mensch beginnt seine Tage täglich neu. Kein Grund zum Übermut liegt vor; denn: »Was ist der Mensch, daß du seiner gedenkst?« Doch zugleich verführt uns der Psalmen-Beter zur Zuversicht: »Herr, unser Herrscher«, so preist er, »wie herrlich ist dein Name in allen Landen!«

Peter Kollmar

Von Düsseldorf nach Frankfurt am Main

Eine Wegbeschreibung

Auch der Protestantismus hat seine Wallfahrt mit allen wichtigen Merkmalen: Prozession, Versammlung, Gottesdienst, Fest und Segen – den Deutschen Evangelischen Kirchentag. Eine Wallfahrt, die seit 1949 durch wechselnde Zeiten, durch unterschiedliche religiöse, kirchliche, politische und kulturelle Landschaften führt. Alle zwei Jahre macht sie in einer anderen Stadt Zwischenstation. Die letzte war 1985 in Düsseldorf. Nun führt der Weg nach Frankfurt am Main. Trotzdem bewegt sich ein Kirchentag weniger von Ort zu Ort, eher von Zeit zu Zeit. Es ist eine Wallfahrt ohne Gnadenbilder, nicht aber ohne Gnade – den inneren Zusammenhalt bieten die Losungen. »Die

Erde ist des Herrn« lautete sie in Düsseldorf – »Seht, welch ein Mensch«, heißt es für Frankfurt 1987. Als Zeitansagen zu Gesellschaft, Kultur, Wirtschaft, Politik und Kirche verstehen sich die Losungen.

Immer mehr Menschen schließen sich an: 100000 in Hannover 1983, 120000 in Düsseldorf. Der Halt am Ort versammelt sie alle: Protestanten und Katholiken, Bischöfe und Ausgetretene, Soldaten und Kriegsdienstverweigerer, Unternehmer und Arbeitssuchende, Minister und Bürger. Kirchentag als Versammlung von Menschen, die sich verbunden fühlen sowohl in dem gemeinsamen Bekenntnis wie in der Wahrnehmung von unübertragbarer Eigenverantwortung jedes einzelnen. Diese enge Verbindung von Glauben und Praxis, Glauben und Weltverantwortung ist charakteristisch. Menschen erleben hier – als Ermutigung für ihren Alltag und für ihr Engagement in der Institution Kirche – die Faszination, daß das Bekenntnis zu dem christlichen Glauben nicht die Ausnahme ist, sondern die selbstverständliche Basis des Gesprächs und des Umgangs miteinander. Vielleicht ist deshalb auch die Atmosphäre so sehr viel dichter und die Kommunikation selbst in den riesigen Messehallen leichter als in vielen überschaubaren Kirchengemeinden. Die Erfahrung von Gemeinschaft, Geborgenheit und von einer ganzheitlichen Gestaltung des Glaubens und Lebens auf dem Kirchentag haben auch die Kirchengemeinden als eine wichtige Aufgabe neu entdeckt. Wie sieht nun die Zeitlandschaft aus, durch die sich die protestantische Wallfahrt auf ihrem Weg nach Frankfurt bewegt?

Suche nach dem persönlichen Leben

Der jüngste Trend zu Luxus und aufwendigem Lebensstil (Mode, Autos) und zu erlebnisintensiver Freizeitgestaltung (Sport, Urlaub, weite Reisen) weist auf eine zunehmende (Sehn-)Sucht nach Lebensgenuß. Eine Umfrage aus dem Jahre 1986 bestätigt diese Einschätzung: Das private Glück ist der höchste Wert für die Bundesbürger. Interessanterweise kann das private Glück aber auch genau im Gegenteil gefunden werden: im bewußten Verzicht auf Konsum oder im sozialen Engagement. So wie sich der narzißtisch-hedonistische Lebensgenuß aus dem Motiv dieser sehr persönlichen Lebensverwirklichung erklären läßt, ist die Lebensverwirklichung auch die Ursache für eine neu aufgebrochene Suche nach religiösen Erfahrungen: die Suche nach Vergewisserung eines persönlichen Glaubens. In Düsseldorf noch nicht als Thema formuliert, reagiert der Frankfurter Kirchentag auf diese Entwicklung mit einem eigenen Themenbereich: »Von Gott reden – mit Gott leben.« Allerdings ist die religiöse Suche nicht nur über den Rahmen traditioneller kirchlicher Angebote hinaus, sondern häufig auch noch über den Raum der Kirche selbst hinaus ausgedehnt. Als Indikator dafür könnte der Literaturmarkt gelten mit seinen wachsenden Verkaufszahlen von Fastasiaromanen und den Büchern zur Esoterik. Im Extrem erklärt sich vielleicht auch so das augenblickliche Interesse an spiritistischen Zirkeln und Okkultismus. Diese Suche nach privatem Glück, nach Lebensgenuß und nach Lebensbefriedigung birgt die Gefahr in sich, die erschreckende Häufung von Lebensscheiterungen zu übersehen: das Schicksal jedes einzelnen, der einen Arbeitsplatz sucht; der von seinem Partner oder von seinen Eltern verlassen wurde; der in Drogen oder Alkohol flüchtet – jeder ein Mensch, der sich nicht verwirklichen kann, sondern dem die Wirklichkeit den Kampf ums Leben aufzwingt.

»Seht, welch ein Mensch.« Die Losung des Frankfurter Kirchentages formuliert in der Tat eine Ansage für unsere Zeit. Menschsein als Erfahrung von Ganzheit und als Erfahrung von Grenzen und Brüchen. Wies die Losung des Düsseldorfer Kirchentages »Die Erde ist des Herrn« noch auf globale Zusammenhänge, auf die Frage der Herrschaftsansprüche auf diese(r) Erde und auf die Weltverantwortung hin, so lenkt die Frankfurter Losung – in einer dichten Verknüpfung von Theologie, Christologie und Anthropologie – den Blick auf den einzelnen Menschen. Unter der Vorgabe, daß Gott in Jesus Christus Mensch geworden ist und daß der Mensch als Ebenbild Gottes geschaffen ist, geht es um die Menschenwürde, um die Beziehung des Menschen zu Gott, um seine Einbindung in Kirche und Staat und um seinen Umgang mit den Menschen anderer Kulturen und Religionen (wie auch zur Natur). »Wege des Menschen – Wege zum Menschen« heißt nicht umsonst bei dem kommenden Kirchentag einer von fünf Themenbereichen.

Die Zukunft der Kirche

Sicher wird sich in Frankfurt eine Entwicklung fortsetzen, die sich seit den letzten Kirchentagen immer stärker abzeichnet: das Bedürfnis, sich in Meditation, in Gottesdienst, in Stille und im Gebet sammeln zu können, seelsorgerlichen Rat holen zu wollen und beichten zu dürfen. Der Kirchentag ist für viele zum evangelischen Beichtstuhl geworden.

Interessanterweise ist für den Kirchentag 1987 kein Bereich vorgesehen, der Kirche ausdrücklich thematisiert. In Düsseldorf hieß es noch: »Wir sind sein Volk. Zwischen Ortsgemeinde und Weltkirche.« Dabei ist die Zukunft der Volkskirche ein hochaktuelles Problem. 1984 erschien die EKD-Untersuchung »Was wird aus der Kirche?« und 1986 legte die EKD zwei Diskussionspapiere vor: »Strukturbedingungen auf längere Sicht« und »Christsein gestalten« mit dem aufschlußreichen Untertitel: »Gemeindeaufbau jenseits der Traditionslenkung oder Zur Vermittlung von Kirchenbild und Lebenswelt.« Alle drei Publikationen mit – grob vereinfacht – folgenden Aussagen: Der Glaube löst sich von einer formalen Mitgliedschaft in der Kirche; Austrittsgeneigte (in aller Regel jüngere, hochgebildete, gutverdienende, emanzipiert-kritische Mitglieder) treten tatsächlich aus; nicht die Kirche selbst, aber die bisherige volkskirchliche Struktur ist in Gefahr. (Übrigens Motive, die auch bei anderen Großorganisationen wie z. B. den Gewerkschaften zu ähnlichen Erscheinungen führen.) Verstärkt wird diese Tendenz durch ein nicht mehr von allen Mitgliedern und Pastoren mitgetragenes Bild von Volkskirche: Gemeindekirche, Basiskirche, charismatische Kirche gelten als der Volkskirche gleichwertige Modelle. Hinzukommt eine merkwürdige Blaßheit der gegenwärtigen Hochschultheologie, die z. B. vor dem Hintergrund der Würdigung der großen Theologen dieses Jahrhunderts und ihrer theologischen Entwürfe offenbar wurde (1985 und 1986 wären Rudolf Bultmann, Karl Barth und Paul Tillich 100 Jahre alt, Dietrich Bonhoeffer 80 Jahre alt geworden).

Zwei Wege werden z. Z. in der evangelischen Kirche diskutiert, um die Gefährdung landeskirchlicher Strukturen aufzuhalten. Sie stehen gleichzeitig auch für kirchliche Gruppierungen. Die Vertreter einer offenen Kirche, die die Kirche stärker an den Lebensbedingungen und Erwartungen der Menschen ausrichten wollen. Dagegen die Fundamentalisten, die das Proprium von Kirche betonen und die traditionellen Angebote verstärken wollen. Mit ihrer Doppelstrategie von »Verdichten und Öffnen« versucht die VELKD beide Wege und beide Gruppen in ein gemeinsames Konzept zu integrieren. An einer Stelle ist der Kirchentag selbst grundsätzlich immer von dieser Diskussion betroffen und zwar in der kritischen, teilweise kontroversen Partnerschaft zu dem fundamentalistisch-evangelikal ausgerichteten »Gemeindetag unter dem Wort«.

Der Kirchentag profitiert davon, daß hier alle kirchlichen Arbeitsbereiche und Angebote integriert sind (»Markt der Möglichkeiten«). Er ist fast so etwas wie eine Messe der verschiedenen Gemeindeaufbaumodelle. Vielleicht werden aber auch – stärker als das in den Ortsgemeinden und in den Landeskirchen der Fall sein kann – durch die intensiven ökumenischen Kontakte und Vergleichsmöglichkeiten während der Kirchentage die eigenen Probleme relativiert und auf einen angemessenen Umfang reduziert.

Die politische Identität

Der 8. Mai 1985 (40 Jahre Kriegsende) und der 13. August 1986 (25 Jahre Berliner Mauer) markierten zwei Daten, die zu der für manchen unbequemen Auseinandersetzung mit der eigenen jüngsten Geschichte und politischen Vergangenheit bzw. Verantwortung zwangen. Die Rede von Bundespräsident Richard v. Weizsäcker zu diesem Zusammenhang »Die Deutschen und ihre Identität« war einer der herausragenden Höhepunkte des Düsseldorfer Kirchentages. Zur gegenwärtigen Suche nach persönlicher Lebensverwirklichung und Identität gehört also auch die Frage nach nationaler und politischer Identität.

Im Herbst 1985 veröffentlichte die EKD ihre Denkschrift »Evangelische Kirche und freiheitliche Demokratie«. Eine grundsätzliche Klärung und Stellung der evangelischen Kirche zu und in einem demokratischen Staat. Öffentliche und kritische Diskussion erfuhr genau die Frage, die der Düsseldorfer Kirchentag als Themenbereich formuliert hatte: »Gott mehr gehorchen als den Menschen.« Also einerseits das Recht, die politische Verantwortung als mündiger Bürger und als Christ wahrzunehmen, sich z. B. zu umstrittenen technologischen Großprojekten (Kernkraftwerke, Wiederaufarbeitungsanlagen) zu

äußern. Andererseits aber der Anspruch »...des Widerstehens des Bürgers gegen einzelne gewichtige Entscheidungen staatlicher Organe, wenn der Bürger die Entscheidung für verhängnisvoll und trotz formaler Legitimität für ethisch illegitim hält«. Dieses kritische Verhalten ist für Politiker, Parteien und Verbände gleichermaßen ungewohnt wie unbequem. Hat sich hier der ethische Individualismus des Protestantismus auch auf das politische Selbstbewußtsein ausgeweitet? »Menschenwürde wahren – den Staat sozial gestalten« unter diesem Ansatz wird in Frankfurt diese Diskussion fortgeführt.
In diesem Themenbereich werden auch die großen gesellschafts- und weltpolitischen Problemfelder unserer Zeit behandelt. Die Herausforderungen werden auf der existentiellen Ebene von Mensch zu Mensch konkret. Betroffen sind Arbeitslose, Asylsuchende in der Bundesrepublik, Schwarze in Südafrika, die sich zu Wort melden. Wo Menschenwürde verweigert wird, sind es konkrete Menschen und nicht Staaten und Systeme, die leiden. Das innenpolitische Thema des Jahres 1986, die Asylantenfrage, und das außenpolitische Thema Südafrika werden sicher auf dem Frankfurter Kirchentag eine gewichtige Rolle spielen. Wobei auffällt, daß das nach wie vor ungelöste innenpolitische Problem der Arbeitslosigkeit, das in Düsseldorf noch ein besonders herausgehobener Schwerpunkt mit einem eigenen Themenbereich »Im Schweiße Deines Angesichts – Zukunft der Arbeit« war, in Frankfurt nicht mehr als Schwerpunktthema auftaucht.

Konziliare Schritte zum Frieden

Kirchentage sind seit Beginn der 80er Jahre ein Spiegelbild der Diskussion und des Engagements für den Frieden in Kirche und Gesellschaft. Besonders beachtet wurde nicht nur die intensive biblische Orientierung, sondern auch der Stil der Diskussion und der Umgang miteinander, z. B. zwischen Soldaten und Kriegsdienstverweigerern. 80000 Teilnehmer versammelten sich 1981 in Hamburg zu einer Demonstration für den Frieden. Der Kirchentag 1983 in Hannover, wenige Monate vor dem Vollzug des Nato-Doppelbeschlusses und noch in der Hoffnung, die Stationierung von Pershing-II Raketen in der Bundesrepublik verhindern zu können, war optisch geprägt von lila Halstüchern, die ihre Träger gleichermaßen als Bekenntnis wie als Aufforderung zum Gespräch für Andersdenkende verstanden wissen wollten: »Ein Nein ohne jedes Ja zu Massenvernichtungswaffen.« Mit der Raketenstationierung im Winter 1983/1984 schien die Friedensbewegung zu erlahmen. Und so hatte auch der Düsseldorfer Kirchentag andere Schwerpunkte.

Deshalb blieb auch zunächst fast unbeachtet, was sich im nachhinein aber schon bald als die weitreichenste Initiative auf dem Kirchentag herausstellte: Die Forderung Carl-Friedrich v. Weizsäckers, ein »Ökumenisches Friedenskonzil aller Kirchen und Weltreligionen« einzuberufen, um hier in gemeinsamer Verantwortung ein unüberhörbares Plädoyer für Frieden und Gerechtigkeit in der Welt zu halten. Der Frankfurter Kirchentag räumt der Realisierung dieses Vorschlages einen eigenen Themenbereich ein: »Gerechtigkeit und Frieden – Schritte zum Konzil.« Daß 1987 erst Schritte auf ein Friedenskonzil hin getan werden und nicht, wie C. F. v. Weizsäcker es vorschwebte, schon das Konzil selbst stattfindet, zeigt, wie lange es dauert, eine Idee in die Tat umzusetzen. Aber unbeeindruckt von diesem schwierigen Entstehungsprozeß haben viele sich in Gemeinden, Synoden und Gruppen für ein Konzil des Friedens eingesetzt, mit dem Bewußtsein, auch als einzelner Verantwortung zu tragen für den Frieden in der Welt.

Die Unversehrtheit des Menschen

Die Manipulationen am Menschen, die durch biologisch-chemische Forschungsergebnisse denkbar geworden sind, haben auf dem Düsseldorfer Kirchentag die Gentechnologie in den Mittelpunkt einer breiten Aufmerksamkeit gerückt. Vielleicht am nachhaltigsten durch die Schilderung der Möglichkeiten des sog. »Klonens«. Das, was schon in Tierversuchen bewiesen wurde, ist prinzipiell auch auf den Menschen anwendbar: zwei, drei, viele vollkommen identische Menschenwesen zu schaffen. Eine Horrorvision menschlicher »Schöpfungsmacht«, die die Unverwechselbarkeit und Individualität vollkommen aufhebt. Was macht den Menschen also noch zu einem einzigartigen Geschöpf Gottes, sogar zum Ebenbilde Gottes, wenn er zum Abziehbild der Wissenschaft verkommen kann?

Eine neue wissenschaftsethische Diskussion ist damit initiiert und seit dem Kirchentag in Düsseldorf auch als Hilferuf an die Kirchen laut geworden. Wo liegen die Grenzen der Forschung? Muß alles, was theoretisch möglich ist, auch realisiert werden? Wissenschaftler erwarten Beratung, Begleitung und Unvoreingenommenheit in der Hilfestellung bei dieser Definition. Denn das primäre Ziel und Motiv ihrer Forschungsarbeit ist der Wunsch, Krankheiten und Seuchen mit Erfolg bekämpfen zu können; sei es in der Krebsforschung oder bei der jetzt fieberhaft betriebenen Suche nach Impfstoffen gegen Aids.

Gerade der Umgang mit Aids-Kranken beweist, wie archaisch unser hochzivilisiertes Zusammenleben funktioniert: Die Krankheit selbst wird verdrängt oder als Gottesstrafe für zügelloses Leben erklärt, die Aids-Kranken wie Aussätzige isoliert. Wie gehen wir mit einem kranken, sterbenden Menschen um, dem z. Z. die Medizin nicht helfen kann, dem aber Menschen in seinem Sterben beistehen können?

Neben dieser Frage nach unserem Umgang mit dem Ende und dem Sterben eines Menschen, ist in der Öffentlichkeit in den letzten beiden Jahren auch die nach dem Beginn, nach der Entstehung des Menschen gestellt worden. Wächst in den ersten Wochen – egal ob im Mutterleib oder im Reagenzglas – ein Zellklumpen heran oder entsteht ein Mensch? Ist Abtreibung die Tötung werdenden Lebens oder die Tötung eines Menschen? Hinter solchen sprachlichen Definitionen offenbaren sich Menschenbilder.

Die Suche nach einem neuen Menschenbild – diese Zeitansage formuliert die Losung des Frankfurter Kirchentages 1987 »Seht, welch ein Mensch«. Menschen auf der Suche nach sich selbst, so könnte man die Teilnehmer charakterisieren, die sich auf den Weg nach Frankfurt machen.

Kurt Scharf

Erwartungen an den Kirchentag 1987

Kritische Einschätzungen und berechtigte Hoffnungen

Meine Erwartungen gehen genau in die Richtungen – insgesamt und fast vollzählig –, die durch die Themen der 15 anderen Einzelbeiträge dieses Sach- und Taschenbuches angegeben sind. Ich habe die ›berechtigte Hoffnung‹, daß er das auf dem letzten Kirchentag von Carl-Friedrich v. Weizsäcker proklamierte »Konzil des Friedens der einen heiligen Kirche Christi« der Phase der Erörterung der Randbedenken entnimmt und auf den Weg unwiderstehlicher Verwirklichung setzt. Damit bekäme auch die vom Ökumenischen Rat der Kirchen beschlossene »Weltkonferenz für Frieden, Gerechtigkeit und Bewahrung der Schöpfung« die ihr gebührende Verbindlichkeit. Ich hoffe – nach dem Charakter der bei »Pax Christi« liegenden Vorbereitung – nicht weniger berechtigt, daß der Katholikentag 1986 unter der Losung »Dein Reich komme!« nicht nur unsern Kirchentag, sondern auch unsere ganze Kirche, unsere Kirchenleitungen und das katholische Episkopat auf das Ziel einer verbindlichen Weltkirchenversammlung zu voranstößt. Die zweite Bitte des Vaterunsers erfleht vom ›politischen Christus‹ die Veränderung der »vorletzten Dinge« zum Besseren: »Deine Herrschaft setze sich durch auf dieser Erde!« Die Reihe der Beiträge, die die Menschlichkeit Jesu im leidenden Gottesknecht, im Menschensohn, »ganz unten« zeigt, warnt vor dem falschen Vertrauen auf die Macht der Machthabenden und weist die Teilnehmer und Beobachter des Kirchentages ein in ein Vertrauen auf die ›Macht der Ohnmächtigen‹. Das entspricht meiner Erwartung.

Eben an dieser Stelle aber sind meines Erachtens kritische Überlegungen vonnöten. *Der Kirchentag soll uns einüben in eine fröhliche, zuversichtliche und stählern elastische Ohnmacht, in tätige Ohmacht.* Jesus Christus, auf den der Mitleid heischende Ruf des Repräsentanten der Weltmacht weist: »ecce, homo«, »Siehe da, seine Erbärmlichkeit!« – hat sein Leiden, Folter und Spott, die Dornenkrone auf der

blutenden Stirn, nicht nur erduldet, er hat sein Leiden getan, »vollbracht«. Er ist hinaufgestiegen ans Kreuz, auch hinabgestiegen vom Kreuz, wie Bilder im Seitengang der Kirche des ›Heiligen Franziskus‹ zu Assisi es darstellen. Durch dies Vorbild, das er uns gelassen hat, bewahrt er uns vor Bitterkeit der Ohnmacht und vor Verzagen, vor Resignation in der Ohnmacht. Die Macht der Ohnmächtigen reicht über die Geduld der Passivität hinaus. Sie findet sich nicht ab mit dem, was ist; sie geht an gegen das, was nicht sein soll. Sie tut es im radikalen Verzicht auf vernichtende Gewalt, aber sie verbirgt sich nicht, sie fordert heraus. Sie leistet Widerstand. Sie blockiert alltägliche Abläufe, wenn diese Schäden stiften, auch dann schon, wenn sie bei sich verändernder Situation, neuen Erfahrungen oder aufgrund neuer Einsicht Gefährdungen bringen könnten. Auch der einzelne Ohnmächtige hat teil an dieser Aussicht, Chance und Verpflichtung. Einübung vollzieht sich leichter und erfolgreicher in der Gruppe Gleichdenkender. Hier hat der Kirchentag seine einzigartige Möglichkeit. Er hat sie – schon bei der Vorbereitung auf ihn – im Kleinen und – während seines Verlaufes – dann im Großen. Die Vorbereitung beobachte ich bei Arbeitskreisen in der Gemeinde, christlichen Organisationen und auch humanitären Verbänden, die von ihrer Kirche noch etwas erwarten. Sie danken der Kirchentagsbewegung für das große Forum, das sie dem Sonderanliegen des Kreises oder Verbandes bietet. Es zu nutzen, investieren sie Zeit und Kraft und Hoffnungen. Auch ihre sehr großen Hoffnungen werden in der Regel nicht enttäuscht. Auf dem Kirchentag selbst finden die unterschiedlichen Anliegen Interesse und Verständnis wie kaum je – in der Zwischenzeit – am eigenen Ort. Das eigene Anliegen stößt auf andersartige, ja, im »Markt der Möglichkeiten« begegnen sich hautnah gegensätzliche Auffassungen vom rechten Weg zum Ziel. Beide erfahren – in fairer Auseinandersetzung – Bereicherung zu erweiterter Perspektive, gelegentlich das ›schöpferische Mehr‹ gemeinsamer übergreifender Erkenntnisse. Dies Seltene haben vergangene Kirchentage *im Großen* erbracht.
Die Mitwirkenden und die Teilnehmer des kommenden Kirchtentages mögen ›darüber hinaus‹ Mühe darauf verwenden, auf den dann folgenden, den Berliner Kirchentag 1989 hin Kirchentagsbewegung *im Kleinen* nicht nur in den einzelnen Landeskirchen, sondern auch in

Kirchenkreisen und Gemeinden auszulösen. Ich verstehe darunter den zähen, geduldigen Versuch, die Vielfalt der Kirchentagsanliegen in den Alltag und den Gottesdienst der eigenen Gemeinde zu übernehmen und dies zu tun in Verbindung mit Mitgliedern der Organisationen, die auf dem Kirchentag in Erscheinung treten, Mitgliedern, die in der Nähe des eigenen Kirchturmes wohnen. *Bewegung* – im Kleinen – wird daraus, wenn Arbeitskreise bestimmter Thematik den Zusammenschluß suchen mit ähnlichen Arbeitskreisen in Nachbargemeinden, gegenseitig in Veranstaltungen der je anderen Gemeinde ihre Erfahrungen austauschen und gemeinsam regionale »Gemeindetage unter dem Wort« durchführen. Die Hochstimmung eines Deutschen Evangelischen Kirchentages, seine Antöße, seine ›Überwältigungen‹, wie wir sie im sicheren Rhythmus bei den vergangenen Kirchentagen je wieder erfahren haben, werden auf diese Weise flutend erhalten. Sie werden fruchtbar in der Kirchengemeinde und ihrer Umgebung und wirken hinüber und hinauf in das Feld der politisch Verantwortlichen. Die Verabredungen für solche Aktionen müssen auf dem Frankfurter Kirchentag getroffen werden. Wir müssen ihn aufsuchen mit dem Vorsatz derartiger Nacharbeit! Ein Grundkonzept dafür bringe die einzelne Gemeindegruppe mit! Sie lasse es – sich – verändern, erweitern, konkretisieren durch das, was der Kirchentag *ihr bringt*!

Für ein Konzept der Erwartungen, kritischen Einschätzungen und berechtigten Hoffnungen mache ich – im folgenden – einige – vielfach erörterte, hin und wieder praktizierte, zur breiteren Aufnahme drängende – Vorschläge:

1. Dem Beispiel der Kirche folgend, entstehen zaghafte Städtepartnerschaften über die innerdeutsche Grenze hinweg. Geben wir unserer kommunalen Leitung Anregung dazu, dienen wir ihr unsere Erfahrungen an und – vor allem – intensivieren wir unsere Partnerschaft in die DDR hinüber! Reizen wir sie aus! Erörtern wir mit der Partnergemeinde die Möglichkeit von Gruppenbesuchen hinein und herüber – unter den Themen der Kirchentage, ihrer Kirchentage drüben und unseres Kirchentages! Was die Zusammensetzung der Delegationen anlangt, sollten wir uns und den Gemeindegliedern der Partnergemeinde Mut machen zur Öffnung. Christen sind nicht eng. Wir scheuen auch ›Überwacher‹ nicht.

2. Die zum Kirchentag geladenen und zu erwartenden Gäste aus West- und Osteuropa und aus Übersee, auch der ›Dritten‹ Welt bieten die Möglichkeit, Dreiecks- und Viereckspartnerschaften zu vereinbaren; wenn möglich, mit dem Ziel eines gemeinsamen Entwicklungsprojektes in einem fernen armen Land. Seit kurzem ist dies möglich geworden. Junge Christen aus der DDR haben die Genehmigung für einen befristeten Dienst in Südasien, in Ostafrika erhalten. Die westlichen Gemeinden übernahmen – dazu – die Kosten für das Projekt. Gemeinsame Arbeit junger Freiwilliger aus Ost und West an Sühnezeichenprojekten in Polen und in der DDR, zumal an geschichtsbezogenen Gedenkstätten, hat ideologische Voreingenommenheit und auch Wunschphantasien über die Verhältnisse in einem unerreichbaren Traumland abgebaut, hat Mauern durchlässig gemacht.

3. Auch die dritte Anregung hat mit Städte- und Gemeindepartnerschaft zu tun. Am 20. Januar 1983 haben sich die Bürgermeister von Hiroshima und Nagasaki, den Städten, die durch den Abwurf von Atombomben innerhalb kürzester Zeit zu Ruinenstätten wurden, mit einem Brief »an die Städte der Welt« gewandt, in dem sie um ein Städtebündnis bitten »für die totale Abschaffung von Atomwaffen«. Bis zum 1. Juni 1985, vor der 40jährigen Wiederkehr der Tage der vernichtenden Abwürfe, waren aus 32 Ländern 100 Städte dem Bündnis beigetreten, darunter Harrisburg, Minneapolis, San Francisco aus den USA, Coventry aus Großbritannien, Moskau, Leningrad, Wolgograd aus der Sowjetunion und aus der DDR Berlin (Ost), Dresden, Magdeburg, aus der Bundesrepublik die ›Kirchentagsstädte‹ Frankfurt am Main, Hamburg, Hannover, aber – noch – nicht Berlin West. Insgesamt waren es – bis zum Stichtag – aus der BRD 19 Städte. Ich schlage vor, daß Gemeindegruppen, die sich auf den Kirchentag vorbereiten, feststellen, ob die eigene Stadt den Brief erhalten und wie sie darauf reagiert hat, daß sie bei ihrer Stadtverwaltung die Bereitschaft erforschen mitzutun und den – vorläufigen – Bescheid darüber mit nach Frankfurt am Main bringen und daß eine Frankfurter Initiative ein Treffen am 19. oder 20. Juni 1987 an einem zentralen Ort plant derer, die sich in dieser Sache engagieren mögen – in Berlin West sind das Friedensinitiativen aus 12 Stadtbezirken –. Auf diesem Treffen könnte aus den örtlichen Erfahrungen berichtet und eine gemeinsame

Strategie verabredet werden. Die Stadtverwaltungen, die dem Bündnis beigetreten sind, könnten ermuntert werden, unter Nachbarstädten für die moralisch-politische Aktion zu werben – über die Parteizugehörigkeit hinweg!

4. Wir werden die Bundestagswahl und das »Wahlkampfthema Asylanten« im Juni 1987 hinter uns haben, auch die ersten Auswirkungen des Wahlausganges gerade auf dies – so brisante – Problem abzuschätzen vermögen. An unserm Verhalten und Empfinden gegenüber denen, die zu uns flüchten, wird sichtbar, ob christlich-biblische Gesinnung gegenüber dem »Fremden im Lande« in unserm Staat noch Einfluß hat. Daß sie Einfluß habe, behalte oder gewinne, dafür muß der Kirchentag etwas tun, und zwar unabhängig davon, ob der Grund der Flucht in unser wohlhabendes Land die Gefährdung daheim ist aus politischen, religiösen, rassistischen Gründen oder Elend infolge Krieg und Bürgerkrieg oder Hungersnot durch Naturkatastrophen oder Mißwirtschaft; ja auch vom einzelnen oder seiner Regierung unverschuldete, weil von außen aufgezwungene, oder gar verschuldete Mißwirtschaft als Ursache der Not kann kein Grund sein, Hilfe zu versagen! Das »Ecce, homo« weist uns an den Nackten und den Hungernden als an Jesu Bruder und Schwester, ohne nach Schuld oder Unschuld zu fragen. Weil der andere Mensch ist durch ihn – wie wir –, darf er nicht verkommen. Ich höre soeben mit Schrecken die Beschlüsse des Bundeskabinettes zur Einschränkung des »Asylantenstromes« von heute morgen (27. August 1986). Wie können wir deklarieren, wir seien kein Einwanderungsland! Wie können wir ein Besuchervisum auf einen Monat einschränken, wenn jemand aus Übersee kommt! Ja: Als wir arm und hilflos am Boden lagen, haben wir Millionen Flüchtlinge aufgenommen, ertragen müssen und ertragen können; weil wir unsern Reichtum sichern, weil wir reich bleiben wollen, stoßen wir Leidende, Fremde zurück! Kirchentag, wirke Bewußtseinsänderung!

5. und 6. Auch Eigentunternehmen von Arbeitslosen, durch die Bürgschaft von Kirchengemeinden ermöglicht, werden auf dem Kirchentag vorgestellt werden. Mögen sie – wagemutige – Nachahmer finden! Und: Unser Eintreten für einen humanen Strafvollzug gerate nicht in Vergessenheit! An die Existenz von Hochsicherheitstrakten haben wir uns stillschweigend gewöhnt. Wir lesen davon gelegentlich

in Zeitungsberichten ohne emotionale Empörung gegen ihre die Persönlichkeit zerstörende Wirkung. Die sinnlose Zerstörungswut des Terrorismus von unten, die aufs schärfste zu verurteilende blinde Zerstörungswut macht uns stumpf gegen zerstörende Gewalt des eigenen Staates. Wir vergessen – woran uns auf dem Berliner Kirchentag 1977 der damalige Justizsenator Jürgen Baumann eindringlich erinnerte –, daß Gefängnismauern eine christliche Gemeinde nicht spalten dürfen. Die hinter den Mauern der Anstalten gehören, auch wenn sie ausgetreten sind, zur Gemeinde, in ihre Arbeitskreise; mit ihnen haben wir im Gefängnis besondere Fortbildungs- und Spielgruppen zu bilden auf ihre Rückkehr in ein ziviles Leben hin! Vor ein paar Jahren gehörten Freigänger – während der Haftzeit – zu den Kirchentagsbesuchern. Sie hatten ihr Podium. Darf ich erwarten, daß – unter seinem Thema – der Kirchentag 1987 auch dieser wesentlich menschlichen Aufgabe Aufmerksamkeit widmet?
Die Schluß- und Grunderwartung und Hoffnung richtet sich auf die Teilnehmer am Kirchentag: Die Gottesdienste und Bibelarbeiten, die Eucharistie- und Abendmahlsfeiern, die »Gebete zur Sache« und Meditationen werden wieder gut besucht sein. Sie sind das entscheidende Moment für ein Gelingen des Kirchentages. Bildeten sie nicht seinen Kern, würden die übrigen Veranstaltungen, Initiativen und Aktionen nichts austragen. Meine Bitte nun aber, mein brennender Wunsch – über die Erfahrung der vergangenen Kirchentage hinaus – ist: Die Teilnehmer, zumal die jugendlichen Teilnehmer, möchten die innere Beteiligung am Suchen in der Schrift und am gemeinsamen Beten mit zurücknehmen in ihre Gemeinden. Sie möchten ihrem Ortspfarrer und ihrem Gotteshaus die Bereitschaft entgegenbringen, mit der sie zum Kirchentag kommen. Werden sie in ihrer Erwartung daheim enttäuscht, so mögen sie nicht aufgeben, sondern dem Pfarrer, den Ältesten daheim, den Leitern der Arbeitsgruppen zusetzen, daß die Beschäftigung mit Gottes Wort vor und über allem Handeln der Gemeinde stehe. Die Ihr aus einer Gemeinde zum Kirchentag reist, überlegt, während Ihr ihn erlebt, was Ihr davon der eigenen Gemeinde vermitteln wollt und wie Ihr es am besten könnt! Jedes Glied der Gemeinde ist dafür mitverantwortlich, was sich in ihr begibt. Sucht die Sprechstunden der Pfarrer auf, nehmt das Wort in Predigtvor- und -nachgesprächen! Eure Pfarrer danken es Euch!

Daß in unserer Kirche Kirchentage von Intensität und einem Ausmaß möglich sind, das die Öffentlichkeit erregt, ist ein Lebenszeichen der Kirche. Sie sind Frucht ihres Lebens. Sie können stärker als bisher auch Samen werden zur Belebung der Gemeinden. Dem Frankfurter Kirchentag 1987 blicke ich mit Erwartung entgegen, mit prüfender Einschätzung, mit berechtigter Hoffnung, über dem allen aber in großer Freude. In *der* Freude, daß der Rhythmus der Kirchentage zur Selbstverständlichkeit im Leben unserer Kirche geworden ist, wie der Katholikentag im Leben der römisch-katholischen Kirche. Ich habe die Jahre im Gedächtnis, in denen nach jedem Kirchentag vom Generalsekretariat die Frage an uns in den Landesausschüssen gerichtet wurde: Dürfen wir einen weiteren Kirchentag planen? Er mochte noch so erfolgreich verlaufen sein, die Grundsatzfrage stellte sich: Können wir Projekte dieser Art auf die Dauer riskieren? Wir fürchteten, das ›Zauber-Unternehmen‹ könne den Händen der Unternehmer entgleiten. Ich bin glücklich, daß solche Frage verstummt ist. Der Kirchentag ist geprägtes Erscheinungsbild der Kirche geworden und – prägendes. Erwartungen im einzelnen, noch so berechtigte Hoffnungen werden überstrahlt von der Freude, daß er ist, daß er weiterhin sein wird. Die Freude ist beständig über die Zeit hinaus, in der wir Alten an ihm noch teilnehmen können, gerade auch für uns Kirchentagsveteranen!

Luise Schottroff

Der gekreuzigte Mensch Jesus aus Galiläa

Das Kreuz Jesu war kein Symbol, es ist – viel später erst nach Jesu Tod – zu einem Symbol geworden. Es ist notwendig, den Weg zurückzufinden, die Geschichte des Kreuzessymboles als spätere Wirkungsgeschichte des Todes Jesu zu begreifen. Dieser Weg zurück hinter die

Wirkungsgeschichte ist zunächst ein Weg in die Geschichte des 1. Jahrhunderts n. Chr., ein historischer Weg in die Vergangenheit. Aber für den christlichen Glauben ist dieser Weg in die Geschichte notwendig. Der Weg in die Geschichte ist zugleich der Weg zur Menschlichkeit Jesu. *Vere homo*, wahrer Mensch, hat die spätere christliche Dogmatik gesagt, sei Jesus gewesen. Er war ein Jude, der das Schicksal seines Volkes in seiner Zeit geteilt hat. Sein Kreuzestod gehört in diese Geschichte.

Wenn Christinnen und Christen an den Gekreuzigten und Auferstandenen glauben, auf ihn hoffen, dann verflüchtigen sie nicht sein höchst irdisches Schicksal als Mensch unter Menschen, sondern beziehen ihre Hoffnung auf die elende Realität, die Realität des Kreuzestodes Jesu. Es ist letztlich auch die Realität des eigenen Lebens und die Realität der Welt heute, in der Menschen durch Menschen ähnliches erleiden wie Jesus am Kreuz. Der christliche Glaube bezieht sich auf *diese Realität*; er ist um seine Substanz gebracht, wenn er sich in den abgegrenzten religiösen Bezirk zurückzieht, sei es der Bezirk der Innerlichkeit oder die Verschanzung in den Kreis Gleichgesinnter. Nicht umsonst bezieht sich der Glaube auf ein öffentliches und politisches Geschehen. Das alte Glaubensbekenntnis, das heute noch gebetet wird, hat diesen Realitätsbezug des Glaubens nüchtern formuliert: »Gelitten unter Pontius Pilatus«.

»Gelitten unter Pontius Pilatus«

Jesus stammte aus Nazareth, einem winzigen Dorf in Galiläa. Er hat am See Genezareth Menschen um sich versammelt; er ist mit einer Gruppe von Anhängern und Anhängerinnen nach Jerusalem gewandert und dort hingerichtet worden. Pontius Pilatus war der römische Statthalter in dieser Region. Daß Pontius Pilatus Statthalter Judäas war, ist nicht nur aus dem Neuen Testament und Schriften römischer Historiker bekannt, sondern auch aus einer alten Steininschrift aus Caesarea am Mittelmeer. Jesu Name dagegen ist nur aus den Schriften seiner Anhänger bekannt. Vom Kreuz Jesu gibt es keine archäologischen Überreste, wohl aber vom Kreuz eines Unbekannten seiner Zeit[1]. Der archäologische Befund ist symptomatisch, deshalb ist er in

1. Israel Exploration Journal 35, 1985, 22–27.

diesem Zusammenhang wichtig. Von Pontius Pilatus gibt es eine steinerne Inschrift mit seinem Namen, von Jesus gibt es nichts mehr, was man in ein Museum stellen könnte. Er teilt das Geschick der kleinen Leute, der Namenlosen, deren Tod nur dadurch erkennbar wird, daß viele andere Menschen denselben Tod starben.

Pontius Pilatus ließ Jesus hinrichten, weil seine Anhänger ihn für den Messias, den von Gott verheißenen neuen Davidssohn hielten. Vielleicht hat auch Jesus sich für Gottes Messias gehalten, jedenfalls hat er sein Reden und Handeln als Gottes Auftrag begriffen. Das jüdische Volk wurde wie andere Völker, die die Römer sich unterworfen hatten, politisch unterdrückt und wirtschaftlich ausgenutzt. Die Bevölkerung war arm und verarmte fortschreitend weiter. Aber die Menschen trugen das Elend nicht dumpf und passiv, denn sie waren Gottes Volk. Sie hatten ihre Schrift und Tradition und wußten, was wirkliches Menschsein ist. Sie wußten Gott auf ihrer Seite. Darum konnten die Repräsentanten römischer Macht mit einer messianischen Bewegung nicht lässig umgehen. Sie war der Keim einer Erneuerung der politischen Kraft eines unterdrückten Volkes von unten her.

Wie in anderen unterdrückten Völkern arbeiteten die Römer mit der lokalen politischen Führung zusammen, mit der herodianischen Königsfamilie und den Sadduzäern vor allem. Auch für sie war es nicht opportun, eine messianische Bewegung im Volk entstehen zu lassen. Darum lieferten sie Jesus den römischen Machthabern aus. Andernfalls hätten sie wohl fürchten müssen, daß die Römer gegen die Bevölkerung insgesamt vorgingen. Joh 11,48 beschreibt die politischen Gründe für Jesu Hinrichtung zutreffend: »Wenn wir zulassen, daß er so [weiter viele Zeichen tut], werden viele an ihn glauben, und die Römer werden kommen und uns diesen Ort (den Tempel) und das Volk (d. h. die Reste nationaler Selbständigkeit) wegnehmen.« Es wäre eine Verzeichnung der politischen Realität des Todes Jesu, wenn man sagen würde, seine Hinrichtung sei ein Mißverständnis seines Wirkens als eines politischen Handelns gewesen. Natürlich war eine messianische Bewegung keine politische Organisation im Sinne irgendwelcher politischer Organisationen nach heutiger Vorstellung. Aber sie war im elementaren Sinne politisch: eine Bewegung vieler Menschen in Richtung auf ein Leben in Gerechtigkeit und Frieden. Darum war das Handeln des römischen Repräsentanten nicht Folge

eines Mißverständnisses, sondern Folge politischen Herrschaftswillens.
Noch eine andere folgenreiche Mißdeutung der Hinrichtung Jesu muß bedacht werden: die Behauptung der Schuld der Juden am Tode Jesu. Mit dieser Behauptung ist über Jahrhunderte christliche Judenverfolgung legitimiert worden. Sie beruht auf einer absichtlichen Verzeichnung der historischen Situation. Die Macht war ausschließlich in der Hand der Römer, sie haben diese Kreuzigung wie die vieler anderer Menschen zur Zeit Jesu zu verantworten. Die Eilfertigkeit, mit der in der christlichen Geschichtsschreibung bis heute die Römer entschuldigt und bewundert werden, zeigt nur, daß christliche Geschichtsschreibung in der Regel immer noch Geschichte in Bewunderung der Herrscher schreibt. – Doch dann fällt Jesu Tod aus dem Rahmen. Man kann nicht das Opfer für den Heiland der Welt halten und die Mörder bewundern. Pilatus, der sagt: »seht, welch' ein Mensch« (Joh 19,5) spricht diesen Satz voller Hohn und Arroganz gegenüber Jesus und den Juden: »seht, welch' eine Jammergestalt«. Nur unfreiwillig weist er mit diesem Satz auch auf den wahren König, den Gottessohn, hin. Auch das Johannesevangelium entschuldigt die Römer nicht.
Kreuzigung bedeutete, daß der Hingerichtete langsam unter großen Schmerzen starb. Dieser Tod sollte, nach Meinung der Römer, der öffentlichen Abschreckung dienen. Alle sollten das Opfer sterben sehen, aber niemand sollte irgendwelche Zeichen von Trauer oder Solidarität erkennen lassen, sonst würde auch er – oder sie – den selben Tod sterben müssen. Deshalb stand Petrus vor der Wahl, Jesus zu verleugnen oder selbst sein Leben zu riskieren, deshalb standen die Frauen nur »von ferne« (Mk 15,40f.) unter dem Kreuz.

Die Ablehnung des Kreuzes

Im Verlaufe der Wirkungsgeschichte des Kreuzestodes Jesu ist das Kreuz immer wieder zum Symbol für Leidensbereitschaft, Demut, Opferwille, dienende Hingabe gemacht worden. Doch Jesu Märtyrertod war nicht eine Folge der duldenden Hinnahme von Leiden; er war ein Akt des Widerstandes in der jüdischen Tradition des Martyriums als Ausdruck der Auflehnung für das ganze Volk. Es ist – historisch betrachtet – geradezu eine Umkehrung der Bedeutung von Jesu Kreu-

zestod, wenn man ihn zum Symbol des Erduldens, der Hinnahme von Leiden macht. Sein Tod war Opfer, er war Dienen. Aber er diente eben nicht der Legitimation von Leiden, sondern der Befreiung vom Leiden. Menschen sollten nicht mehr über Menschen herrschen: »Ihr wißt, daß die, die als Herrscher über die Völker gelten, sie unterdrücken, und ihre Großen mißbrauchen ihre Macht. So soll es unter euch nicht sein; sondern wer bei euch groß sein will, der sei euer Diener, und wer der Erste sein will, der sei Sklave von allen. Denn auch der Menschensohn ist nicht gekommen, sich dienen zu lassen, sondern zu dienen und sein Leben als Lösegeld für viele zu geben« (Mk 10,42–45).
Jesu Tod war ein Dienen, das der Befreiung diente, nicht ein Dienen, das die Herrschaftsverhältnisse anerkannte, legitimierte. Darum also ist es eine Umkehrung der Bedeutung des Kreuzestodes Jesu, wenn er zum Symbol für duldende Hinnahme von Leiden und Dienst gemacht wurde. Damit war dann nämlich auf einmal der Dienst an den Höherstehenden gemeint, an denen, die andere zu ihrem Dienst brauchen. Die armen Leute sollten ihr Leiden geduldig tragen und vor allem die Frauen sollten erkennen, daß ihre Bestimmung die Unterordnung, die dienende Hingabe an den Mann war. Man (oder frau) braucht nicht lange zu suchen, um in theologischen Werken, die in anderer Hinsicht auch meinen Respekt haben, solche Vorstellungen von der Bestimmung der Frauen zur Hingabe zu finden. Doch weder Klassenunterschiede noch das Patriarchat können mit Jesu Kreuz bestätigt werden, obwohl gerade dies christliche Tradition über Jahrhunderte bis in die Gegenwart war.
Der Aufbruch der Frauen in der heutigen Zeit ist deshalb eine große Herausforderung für das Christentum. Frauen innerhalb und außerhalb der Kirche sind sich einig darin, daß sie das Kreuz als Symbol der Hingabe und Leidensbereitschaft ablehnen, weil damit Frauen- (und Klassen-)unterdrückung gerechtfertigt worden ist. Uneinigkeit herrscht unter Frauen nur darüber, ob das Christentum von der Wurzel her patriarchal ist, oder ob – wie ich es mit anderen behaupte – erst in einem Teil der Kirchengeschichte, dem »mainstream«, das Kreuz zum Unterdrückungsinstrument wurde. Nun sind Frauen und Männer, die die unselige menschengemachte Unterdrückung bekämpfen, zurecht gegen Apologeten und Apologetinnen der christlichen Tradition mißtrauisch. Mir geht es aber darum, klarzumachen, daß es nicht

eine unangebrachte Apologie der christlichen Tradition ist, wenn ich sage, daß der Dienst Jesu, daß sein Tod ein Akt des Widerstandes war, der der Befreiung diente. Es ist notwendig, die falsche Wirkungsgeschichte des Kreuzes zu durchschauen, auch sie zu bekämpfen, aber es ist ein großer Verlust, wenn man das Kreuz Jesu mit dieser falschen Wirkungsgeschichte identifiziert und es dann konsequenterweise ablehnt. Wo das Kreuz Jesu abgelehnt wird, entsteht dann oft eine Religion oder Spiritualität, die als solche sich von der lästigen Wirklichkeit unabhängig machen will, sich der Ganzheit und Harmonie nähern will und die Kreuze denen überläßt, die sie aufrichten. Christlicher Glaube sucht nach dem Ganzsein und dem wahren Leben, aber so, daß jeder Mensch, der verletzt wird und unterdrückt wird, in diese Bewegung zum Leben einbezogen wird. Es ist ein langsamer Troß zum wahren Leben, der sich da in Bewegung gesetzt hat, er richtet sich nach den Fußkranken. Leichtfüßiger, schneller ist das Leben nicht zu erhaschen.

Der gekreuzigte und auferstandene Mensch Jesus

Als ich die antiken Schriftsteller las, die wie z. B. Tacitus oder Plinius als erste über das entstehende Christentum berichten, war ich beeindruckt davon, wieviel aus ihren Sätzen über die Macht des Auferstehungsgeschehens erkennbar wird. Tacitus beschreibt, daß Jesus von Pontius Pilatus hingerichtet wurde, daß sich aber nach seinem Tode die Anhängerschaft nur noch schneller ausbreitete. Man merkt ihm das Erstaunen an, daß der Kreuzestod eine nicht erwartete Wirkung hatte, gerade die Ausbreitung der Jesusbewegung beschleunigte, was Pilatus bestimmt nicht beabsichtigt hatte. Das ist die Außenansicht der Auferstehung Jesu. Für die Innenansicht finde ich es wichtig zu sehen, daß der Glaube der Anhängerinnen und Anhänger Jesu an die Lebendigkeit Jesu nach seinem Tode für sie zugleich ein Auftrag war: Jesus lebt, darum gehen wir weiter auf dem Weg, den er begonnen hat, den Weg ins wahre Leben der ganzen Schöpfung. Weniger wichtig finde ich, wie Glaubende in ihrer Zeit sich jeweils Auferstehung vorstellen. Ich möchte mich und andere nicht zwingen, biologische Mirakel zu »glauben«, ich möchte vielmehr erfahren und ausdrücken, daß der damals gekreuzigte Mensch Jesus bei mir ist als Lebendiger, der mich schützt und stärkt und auf den Weg schickt.

Die Nähe des Auferstandenen ist aber die Nähe des gekreuzigten Menschen Jesus aus Galiläa. Nicht irgendein Gottwesen, sondern dieser kleine jüdische Mann, den die Römer öffentlich umgebracht haben, ist der lebendige Christus. Er war ein kleiner Mann und ein gerechter Mann. Er war so sensibel für Herrschaftsverhältnisse und Unterdrückung, daß er das damals selbstverständliche Patriarchat, das die ganze alte Welt beherrschte, nicht mitgemacht hat. Es gibt keine Jesusgeschichte, die ihn in einer patriarchalen Rolle zeigt; im Gegenteil, er erträgt es sogar, daß Frauen stärker sind als er (Mk 5,25–34). Dieser kleine Mensch aus Galiläa, der nicht einmal die Herrschaft über Frauen für sich in Anspruch nahm, ist der lebendige Christus. Nur weil der christliche Glaube so fest an den Boden angebunden ist, geraten ihm die Höhenflüge ins Jenseits nicht, bei denen die Welt sich selbst überlassen bleibt.
Die Bindung an den Menschen Jesus, der am Kreuz gestorben ist, bewirkt eine Bindung an jeden anderen Menschen, der in Not ist und leidet. Diese spezifische Orientierung des christlichen Glaubens an den »geringsten Brüdern und Schwestern« (Mk 25,31–46) ist nicht zu verwechseln mit der ehrenwerten humanistischen Vorstellung, daß alle Menschen Brüder und Schwestern sind. Die geringsten Brüder und Schwestern sind nicht nur Menschen wie ich, denen ich Respekt schulde, sondern ich bin an sie gebunden wie ich an Jesus den Gekreuzigten und Auferstandenen gebunden bin. »Was ihr getan habt einem dieser meiner geringsten Brüder – und einer dieser meiner geringsten Schwestern –, das habt ihr mir getan« (Mt 25,31–46). Ich erkenne den Menschen Jesus, wenn ich eine seiner elenden Schwestern sehe, die Frau aus Guatemala, deren Kind »verschwunden« ist, vielleicht gefoltert, vielleicht tot. Und weil ich an Jesus gebunden bin, in Liebe gebunden bin, fange ich an, alles zu unternehmen, was ich tun kann, um der geringsten Schwester Jesu zu helfen. Wenn ich mir meine eigene Lebenserfahrung und die Realität der heutigen Welt vor Augen halte, dann ist die Hilfe, die wir Jesu geringsten Brüdern und Schwestern schuldig sind, in den meisten Fällen politisches Handeln. Daß Jesus für die Glaubenden der kleine Mann bleibt, den die Römer am Kreuz hingerichtet haben, hat die Konsequenz, daß Christinnen und Christen durch ihre Bindung an Christus zu politischem Handeln genötigt sind. Ich bestreite, daß die kirchliche Tradition, Glaube und Politik vonein-

ander getrennt zu halten, dem Kreuz Christi gerecht wird. Ich will damit nicht sagen, daß Christinnen und Christen nun All-round-Politiker werden müßten, die zu allem eine Meinung haben. Ich denke nur, wenn ich auch nur eine der geringsten Schwestern oder einen der geringsten Brüder Jesu aufnehme, als begegne mir in ihr oder ihm Jesus selbst, dann muß ich die Schranke überspringen, die in unserer Gesellschaft dem politischen Handeln von unten im Wege steht. Diese Schranke wird verschieden benannt: »das muß man den Fachleuten überlassen«; »da können wir als einzelne doch nichts ausrichten«; »so genau wissen wir in der Sache nicht Bescheid«; »humanitäre Hilfe ist jederzeit akzeptabel, aber keine politische Stellungnahme«; »wir dürfen nicht einseitig werden«; »ich möchte nicht als ›links‹ eingestuft werden«. Diese Schranken müssen übersprungen werden, weil Jesus der gekreuzigte Mensch ist, an den Glaubende gebunden sind. Konkret heißt das: Parteinahme für das kleine Nicaragua, Boykottforderungen gegen den Apartheitsstaat, Empörung über den Verbrauch der Schöpfung auf Kosten kommender Generationen. Wer an den Gekreuzigten gebunden ist, fängt an einem Punkt an. Einseitig wird er oder sie dann sofort sein, das liegt im Wesen des christlichen Glaubens begründet: »was ihr getan habt einem der Geringsten, habt ihr mir getan«.

Zulange ist das Christentum die Religion der erfolgreichen, politisch unauffälligen Wohlanständigkeit gewesen – auf Kosten seiner Substanz. Ich empfinde unsere gegenwärtige Situation als Zeit der Veränderung des Christentums meiner Gesellschaft – zurück zu seinen Wurzeln. Es wird dann weniger mächtig sein, wenn diese Veränderung weitergegangen sein wird, aber es wird vielleicht mithelfen, den geringsten Brüdern und Schwestern der kommenden Generation ein Leben als Kinder Gottes zu ermöglichen. »Dasein für andere«[2] hat D. Bonhoeffer die christliche Existenz genannt. Genau dieses ist die Konsequenz der Bindung an den Menschen Jesus, der gekreuzigt wurde. Er war der »Mensch für andere«, an dem seine Nachfolger und Nachfolgerinnen sich orientieren und der sie begleitet mit seiner Lebendigkeit. So ist der Mensch für andere heute ein glücklicher Mensch.

---

2. D. Bonhoeffer, Widerstand auf Ergebung, München–Hamburg [6]1970, 192 (= 3. 8. 44 »Entwurf einer Arbeit«).

Peter von der Osten-Sacken

Wir aber predigen den Gekreuzigten...

Wurzeln der Hoffnung

»Bis auf diese Stunde leiden wir Hunger und Durst, sind dürftig gekleidet, werden geschlagen und haben keine feste Bleibe und mühen uns ab mit unserer Hände Arbeit. Man schmäht uns, so segnen wir; man verfolgt uns, so dulden wir's; man beschimpft uns, so reden wir freundlich. Wir sind wie der Abschaum der Menschheit geworden, jedermanns Kehricht, bis heute.« So umschreibt Paulus im 1. Korintherbrief seinen Alltag (4,11–13). Es scheint auf den ersten Blick, als würden diese Merkmale christlicher Existenz allein für das Leben als Apostel gelten. Doch dieser Schein trügt. Gleich zu Beginn ruft Paulus der Gemeinde ins Gedächtnis, wer zu ihr gehört. Nicht viele Intellektuelle und Einflußreiche, nicht viele Leute aus angesehenen Familien, sondern die, die in der Welt als dumm, einflußlos und unangesehen gelten, die mißachtet werden und überhaupt nichts sind, sie hat Gott zusammengerufen und auserwählt. An ihnen will er seine Kraft erweisen. Beide, die in Niedrigkeit erwählte Gemeinde und der in Niedrigkeit lebende Apostel, sind Spiegelbild dessen, um den es geht: der gekreuzigte Christus (1. Kor. 1,23). Dem Evangelium nach und für die, die in der Gemeinde zusammengerufen sind, seien sie Juden oder Griechen, ist dieser Gekreuzigte Gottes Kraft und Gottes Weisheit, durch die er Menschen zu sich hin rettet.

Doch die Welt und ihre Exponenten wissen mit ihm nichts anzufangen. Sie haben andere Kriterien. Juden, vertreten durch ihre Schriftgelehrten, fordern Zeichen, Manifestationen dessen, daß Gott jetzt durch diesen schmählich Getöteten handelt. Ohne solche Zeichen ist die Verkündigung des Gekreuzigten für sie eine unglaubliche Zumutung, lehrt doch die Schrift selbst, daß verflucht ist, wer am Holze hängt (5. Mose 21,23; vgl. Gal. 3,13). Griechen aber, vertreten durch ihre Weisen, suchen mit den Mitteln ihrer Vernunft das Gefüge der Welt und den Platz des Menschen darin zu ergründen. Für sie ist es töricht, daß an einem Menschen, der einem Sklaven gleich in Niedrigkeit gelebt hat und gestorben ist, Gottes Macht und Weisheit erkennbar werden soll. Doch diese Torheit und Schwäche Gottes, am Gekreuzigten aller Welt vor Augen, sind klüger und stärker als alle menschliche Klugheit und Kraft. In seiner vermeintlichen Torheit und Schwäche enthüllt er die Welt, wie sie ist, und setzt neue Realitäten. Menschliche Klugheit sucht von Anbeginn ihre eigenen Wege. Ständig nimmt sie ihre eigenen Erwählungen vor. Was zählt, sind die Klugen, die Mächtigen, die von angesehener Herkunft, alle anderen sind ein Nichts, haben ihnen zu dienen. Doch Gott läßt die von Menschen etablierten Unterschiede und Wertungen nicht gelten. Indem die Welt einen Teil ihrer selbst für nichts erklärt und ausgrenzt, ist sie an ihr Ende gekommen, ist ihr Elend offen zutage getreten. Ein Umsturz aller Werte geschieht. Gott nimmt sich derer an, die nichts gelten, die von der Welt ausgestoßen sind. Gerade sie, die nur noch ein Schatten sind und deren Lebensrecht ausgehöhlt ist, gerade sie sollen vor ihm Bestand haben, aus seiner Weisheit und Kraft leben. Das soll seine Ehre und sein Ruhm sein, um derentwillen die Welt erschaffen ist und mit denen sie zu ihrem Ziel gelangt. So wie Gott zu Beginn der Welt handelte, als er sie aus dem Nichts erschuf, und wie er handelte, als er sein Volk Israel aus der Sklaverei Ägyptens befreite, so auch jetzt. Er erwählt die Schwachen und wirkt neu als Schöpfer, indem er eine Gemeinde aus aller Welt um den Gekreuzigten sammelt und dort, im Kreise der Schwachen und nichts Geltenden, Wohnung nimmt. Dies ist »das Wort vom Kreuz«, mit dem allein der Apostel betraut ist, dies der weitreichende Zusammenhang, der sich hinter der knappen Feststellung verbirgt: *»Wir aber predigen den Gekreuzigten«* (1. Kor. 1,18–31).

Jesus Christus wurde aus Schwachheit gekreuzigt, doch er lebt aus der Kraft Gottes (2. Kor. 13,4). Das gleiche gilt von seinem Apostel, das gleiche von seiner Gemeinde. Sie sind schwach in ihm, damit sie mit ihm aus der Kraft Gottes leben (2. Kor. 13,4). So allein bleiben Ehre und Ruhm bei Gott als der Quelle aller Kraft. Das Wort vom Kreuz und die Existenz derer, die von ihm leben, entsprechen einander. Sie bilden eine Einheit. Denn sowenig sich jüdisches Leben in der Forderung von Zeichen erschöpft und griechisches in der Suche von Weisheit, sowenig christliches in der puren Predigt des Gekreuzigten. Sie ist vielmehr der Zugang, und so kommt sie erst dort zum Ziel, wo ihr geglaubt, vertraut und aus ihrer Kraft gelebt wird. Dort aber, wo dies geschieht, begegnen auch die zunächst abgewiesenen Zeichen und Wunder, die zur Welt Gottes gehören und Teil seiner neuen Schöpfung sind: »Schmäht man uns, so segnen wir; verfolgt man uns, so dulden wir's; beschimpft man uns, so reden wir freundlich« (1. Kor. 4,12). « Sei es Trübsal oder Angst oder Verfolgung oder Hunger oder Nacktheit oder Gefahr oder Schwert – »in all dem tragen wir den Sieg davon durch den, der uns (am Kreuz) Liebe erwies« (Röm. 8,35.37).

Freilich, so wahr dieser Zusammenhang zwischen dem Gekreuzigten und seiner Gemeinde, seinem Leibe ist, so sehr drohen die Predigt des Gekreuzigten und die Existenz der mit ihm Lebenden ständig auseinanderzuklaffen und die Zeichen und Wunder, der Erweis des Geistes und der Kraft, zu versiegen. Weil es bereits in Korinth so ist, darum überhaupt schreibt Paulus seinen Brief. Kaum ist die Gemeinde entstanden, verwunden Rivalitäten den Leib Christi, bilden sich Parteiungen, die sich mit den Namen Großer verbinden, eines Paulus, eines Kephas, eines Apollos – später sind es die Namen Luthers, Calvins und anderer. Nicht Zeichen werden gefordert, aber doch Namen, die den Zeichen gleichen, nicht Weisheit, aber doch die christlichen Weisen, die großen Leitgestalten. Sie sind so viel greifbarer, so viel näher als der Mann am Kreuz, der durch die Anhänglichkeit an große Namen allzuleicht eher verdeckt wird als vor Augen tritt. Nicht gegen Juden oder gegen Griechen, sondern um der christlichen Gemeinde selbst willen schreibt Paulus deshalb nach Korinth. Nicht von neuem soll die Eitelkeit menschlicher Interessen und Wertungen, menschlicher Erwählungen und Klassifizierungen verderben, was Gott geschaffen hat. Vielmehr gilt alles Augenmerk dem, der aus Schwachheit gekreuzigt wurde, aber aus der Kraft Gottes lebt. Und mit ihm soll es sich hin auf die richten, die da nichts sind und nichts gelten in dieser Welt, auf daß Gott an der Größe seiner Liebe erkannt werde.

Das, was einst in Korinth begann und vom Apostel an der Wurzel bekämpft wird, hat im Verlauf der Geschichte der Kirchen unvergleichlich bedrückendere, das Evangelium verzerrendere Formen angenommen. Das Leitwort *Wir aber predigen den Gekreuzigten*, mit dem Paulus das Übel an der Wurzel angeht, ist ganz und gar ein Satz der Demut. Er gründet in der Gewißheit, daß da nichts ist, was der Mensch Gott darzubieten vermöchte, er ihm vielmehr alles verdankt und allem voran die Hingabe des eigenen Sohnes als Zeichen seiner Liebe. Doch niemand scheint gefährdeter als der von Gott aus dem Nichts Errettete. Nur zu bald wird von Christen und Kirchen jenes Wort der Demut auf einen triumphalen Ton gestimmt. Gewißheit der Gnade verwandelt sich in trügerisches Überlegenheitsgefühl. Die, die sich dem Wort vom Kreuz, dem Wort der Kirche, versagen, werden zu dem, was nichts gilt in dieser Welt. Was anfangs noch auf Gedanken und Worte begrenzt ist, gewinnt bei anderen später, als Christen Macht zuwächst, die Gestalt barbarischer Untaten. Das Kreuz, Zeichen grenzenloser Liebe, verbreitet Angst und Schrecken. Für Ungezählte wird es zum Zeichen von Tod und Gewalt – in den Kreuzzügen, in der Inquisition, in den Verfolgungen der Juden. Wie sollte man es nicht verstehen, wenn angesichts solchen Verhaltens in den Gemeinden des Gekreuzigten von jüdischer Seite der Schluß gezogen worden ist, man müsse zumindest fragen, ob es nicht besser gewesen wäre, Jesus hätte nicht gelebt.

Mit all dem ist eine Wahrheit offenbar geworden, die so kaum bereits im Horizont des Paulus lag, auch wenn er auf seine Weise um sie gewußt hat. Es gibt eine Predigt des Gekreuzigten, bei der das Kreuz entleert und seines Inhalts beraubt wird (vgl. 1 Kor. 1,17). Die Worte werden zu leeren Hülsen. Der Gekreuzigte, dessen Gegenwart vermeintlich bezeugt wird, ist fern und bei denen, die nichts gelten in dieser Welt und zum Raub der Klugen, Mächtigen und Angesehenen geworden sind. Unvergleichlichen Ausdruck hat diese Wahrheit in den Kreuzigungsbildern Marc Chagalls und anderer jüdischer Maler der letzten hundert Jahre gefunden. Chagalls Bilder zeigen den gekreuzigten Juden Jesus inmitten seines verfolgten, vertriebenen, fliehenden, gemarterten jüdischen Volkes, angetan mit den Kennzeichen des jüdischen Frommen, Gebetsriemen und Gebetsschal, und umgeben von den Insignien jüdischen religiösen Lebens, der Torarolle und dem siebenarmigen Leuchter. Nicht daß hier – endlich – christliches Verständnis Jesu als des Messias künstlerisch bestätigt würde. Chagall selbst hat hervorgehoben, daß sein Christus, wie er ihn male, der Typus des jüdischen Märtyrers sei, das Opfer zahlloser Pogrome. Und doch bleibt es der gekreuzigte Jesus, der hier gemalt ist. So hat wie sonst selten auf diesen Bildern die Erkenntnis Gestalt gewonnen, daß der Gekreuzigte – nach christlichem Verständnis mit ihm Gott selbst – auf der Seite der Leidenden und Mißachteten zu finden und deshalb auch dort zu suchen ist.

Wir aber predigen den Gekreuzigten. Dies bleibt Grundlage und Ausgangspunkt der Botschaft des Apostels, damit zugleich der Gekreuzigte selbst der Anfang aller christlichen Weisheit. Doch die Predigt, das Reden, ergeht nicht um ihrer selbst willen, sondern damit geglaubt, vertraut und in der Bindung an den Gekreuzigten gelebt wird. In der Zeit des Apostels gründet das Wort vom Kreuz Gemeinden, es schafft sichtbar neue Gemeinschaften und erweist dadurch seine Kraft. Und doch ist es zugleich angewiesen nicht nur auf die Rede, das mündliche Zeugnis, sondern auf das Zeugnis des Geistes und der Kraft im Lebensvollzug, in der Existenz des Apostels, in der Existenz der Gemeinden. Heute ergeht dies Wort in etablierten Gemeinden, in Kirchen, die befrachtet sind mit dem Mißbrauch des Wortes, durch Christen, deren Existenz von der Lebensweise des Apostels so fern ist wie seine Zeit von der unseren, in kirchlichen Institutionen, die auf vielfache Weise gleichgestaltet sind der Gestalt dieser Welt. Es ergeht durch uns, die wir randvoll sind von menschlicher Klugheit: von den vielen Eitelkeiten der Pöstchen und Positionen, von ungestilltem, oft verborgenem Machthunger und vom Versagen im Umgang mit verliehener Macht, von der Huldigung vor dem, was Rang und Namen hat. In all dem fällt uns nichts so schwer, wie die eigenen Grenzen zu erkennen. Dies dokumentiert sich im großen in der ausbeuterischen Diskriminierung ganzer Bevölkerungsgruppen mit und ohne Bibel, in der unaufhaltsamen Zerstörung der Schöpfung, in dem grenzenlosen Kriegspotential, in der Entfesselung von Gewalten, über die zuletzt niemand mehr Herr ist. Worte sind in unserer Zeit leicht zu haben. Mehr noch vielleicht als die Zeit des Apostels bedarf deshalb die heutige des Handelns, des Zeugnisses durch Leben und Tun.

Und doch bliebe dessen Richtung, sein Woher und Wohin, unbestimmt ohne jenes Wort vom Kreuz. Wie es selbst ein Wort der Demut ist, so enthüllt es als Elend des Menschen sein Defizit an eben solcher Demut, sein Nein zu den ihm gesetzten Grenzen, sein Nein zum Unterschied zwischen Schöpfer und Geschöpf. Den Menschen in diesem seinem Elend will das Wort vom Kreuz verwandeln, indem es ihn die Weisheit Gottes und damit den Unterschied zwischen ihm und seinen Geschöpfen erkennen lehrt. Er hat keinen Gefallen an zerstörerischer Klugheit, an gegen ihn und seine Schöpfung gerichteter Macht und an den Orden, die sich die selbsternannten Eliten verleihen, sondern an denen, die nichts sind und nichts gelten, die ihre Geltung von ihm selbst erhoffen und von ihm entgegennehmen. So ist der Mensch, den das Wort vom Kreuz schafft und den es zum erneuerten Geschöpf macht, der um Demut bittende Mensch. Seine Kraft und sein Urbild, die Wurzel seines Vertrauens und seiner Hoffnung ist der Gekreuzigte, der aus Schwachheit getötet wird, aber lebt durch Gottes Kraft.

Der um Demut bittende Mensch hat keinen krummen Rücken und kein gebeugtes Haupt. Sie beide würden ihn nur erneut bei sich selbst behaften, ihn von neuem isolieren. Vielmehr werden seine Augen für die ganze Schöpfung geöffnet und deshalb gerade für die in ihr, die nichts sind und gelten. So ist er ständig auf dem Weg, die illegitimen Grenzen zu überschreiten – nicht die von Gott gezogenen, sondern die von Menschen errichteten. Nicht zuletzt aber weiß er um seine ständige eigene Gefährdung: um den Umschlag in den Hochmut, der in die eigene Tasche wirtschaftet und darum vor dem Fall kommt. Er weiß deshalb zugleich, daß alles stets von neuem ein gnädiger Beginn ist.

Wolfgang Teichert

Seht, welch ein Christentum

Eine kritische Standortbestimmung zur Lage der Kirche

Uns, den damaligen Studenten der Theologie, hat er geradezu leidenschaftlich zugerufen: Wir sollten unsere große Hoffnung nicht auf die organisierte Kirche setzen, nicht in ihrer evangelischen und nicht in ihrer katholischen Form, aber auch nicht in ihrer ökumenischen Vision. Ich habe Ernst Käsemann, den einstigen Tübinger Lehrer, nicht verstanden, wenn er statt dessen allein auf den »gekreuzigten und auferstandenen Christus« verwiesen hat. Das war für mich damals eine Chiffre, die sich nicht auflösen ließ. Viel später dann machte ich eine überraschende Entdeckung: Wir vergegenwärtigten eine neutestamentliche Geschichte in unserer bibliodramatischen Arbeit, jene Szene, wo Jesus seine Jünger, wie es wörtlich heißt, »zwingt«, ins Boot zu steigen, um auf die andere Seite des Sees zu fahren. Er selber wollte allein sein und auf den Berg steigen. Derjenige, der den Jesus darstellte, schaffte es nur schwer, seine Jünger wegzuschicken. Und die Jünger selber sahen das zunächst auch gar nicht ein. Sie waren traurig, daß sie allein bleiben mußten.
Bei näherer Betrachtung findet man in vielen neutestamentlichen Geschichten diesen Zug: die Trauer der Jünger, deren Freunde und Freundinnen Jesu über ihr Zurückbleiben. Plötzlich kam den Beteiligten bei unserem Spiel die Einsicht, daß die Kirche wohl nichts anderes ist als die Versammlung derjenigen, die auf irgendeine Weise trauern über den Weggang ihres Meisters, mit allen möglichen Zerrformen von Trauer. So betrachtet, bekommt die gegenwärtige institutionelle Form, die das Christentum in der Bundesrepublik in ihren Großkirchen gefunden hat, ein ganz anderes Gesicht: Kirche als Trauergesellschaft und Erbengemeinschaft Jesu Christi!
Es sieht so aus, als hätten 1987 jene vor allem das Wort, die sich in ihrem Handeln und Denken vom »lieben Entschlafenen« bestätigt fühlen. Sie betrachten sich als seine rechtmäßigen Erben, die in ihren

Bestrebungen, Sehnsüchten, Meinungen durch ihn legitimiert sind. Sie machen ihn zur Repräsentationsfigur ihrer Werte und Ziele. Sie erheben ihn an die Stelle ihres idealen Selbst. Sie machen ihn zur Norm, deren Inhalt sie selbst festlegen, denn der Tote kann sich nicht mehr wehren. Psychologisch betrachtet, steht Jesus in der Kirche ständig in der Gefahr, für bestimmte Bedürfnisse herhalten zu müssen, Bedürfnisse der Sicherheit, der Nähe, der Macht.

Wohlgemerkt, diese Bedürfnisse sind legtim. Sie sollen nicht moralisch diskreditiert werden. Jeder braucht zuzeiten Sicherheit, Geborgenheit oder Nähe oder auch das Gefühl von Macht und Anerkanntstsein. Worauf es mir ankommt, ist, daß man den Jesus Christus zur Legitimation heranzieht, daß seine konkrete Gestalt unter der Hand zu einer Chiffre wird, in die wir uns selbst hineinprojezieren. Ich finde solche Haltung vor allem bei solchen, die ständig von »Verantwortung« reden: Kirchenhierarchien, sehr linke, aber vor allem auch sehr evangelikale Gruppen. Ein Spiegelgespräch zwischen einem Hamburger evangelikalen Pastor und einem linksprotestantischen Glaubensbruder hatte genau diese Struktur: Beide beriefen sich zum Gaudi der agnostischen Interviewer auf Jesus Christus. Beide kamen aber zu genau gegensätzlichen Folgerungen, Einsichten und Handlungen. Gemeinsam war ihnen nur die Identifizierung mit ihrem Herrn und Meister. Sie glaubten, ihn auf ihrer Seite zu haben.

Es gibt gegenwärtig also eine Frömmigkeit, die sich auf Jesus Christus richtet, ihn aber in seiner Eigenart und in seiner Eigenwertigkeit geradezu bedroht. Nicht, daß dieser Frömmigkeitstyp nicht aktiv wäre. Im Gegenteil: Er plant missionarische Aktivitäten, läßt sich etwas einfallen, wie denn noch mehr scheinbar glaubenslose Zeitgenossen angesprochen werden können.

»Missionarische Doppelstrategien«, »Blitz- und Telefonaktionen« zeigen in ihrem an militärische Sprache gemahnenden semantischen Sinn, daß vorher eine Identifizierung gelaufen sein muß: Jesus und wir sind eins. Woher käme sonst das propagandistische Selbstbewußtsein? Man muß nicht darauf hinweisen, daß dieser Vereinnahmungstendenz, die bereits im Neuen Testament anzutreffen ist, eine Verweigerung Jesu entgegensteht. Ich erwähnte bereits die harmlose Szene mit dem Boot. Aber es ist ja nicht zu übersehen, daß seine Jünger ihn (bei den Synoptikern) ständig mißverstehen, daß Jesus (bei Jo-

hannes) eindeutig auf die Seite des Vaters gehört und daß Paulus den neuen, wahren Menschen Jesus aus der Himmelswelt ans Kreuz erniedrigt sein läßt, ihn aber zugleich über alle irdischen und kosmischen Mächte erhöht versteht.
Daraus folgt für die Betrachtung des Christentums in diesem Land: sich auf jene zu konzentrieren, die den Herrn und Meister weniger für ihre Zwecke, zur Normgebung, Idealbildung oder Wunscherfüllung gebrauchen. Das müssen solche sein, deren Verhältnis zu Jesus zunächst in *trauernder Distanz* besteht. Was das heißt, haben schon manche zu beschreiben versucht.

1. *Jede Trauer hat mit Trennung zu tun und mit Ablösung:*
Ein Stück meines Lebens geht dahin, unwiderrufbar. Ich kann über die sinnliche Gegenwart des Geliebten nicht mehr verfügen. Das bedeutet nicht Desinteresse. Im Gegenteil, ständig quält der Schmerz, daß eine physisch sinnliche Anlehnung nicht mehr möglich ist. Etwas Lebenswichtiges fehlt, das nicht ersetzbar ist. Ich brauche freilich nicht seine Ersatzangebote. Jedes Surrogat wird schal, angesichts der Erinnerung an die konkrete Person: »Die Trauer beläßt die geliebte Person gerade in ihrer Unersetzbarkeit« (Manfred Josuttis). Dies muß Ernst Käsemann gemeint haben, als er aufforderte, die Kirche nicht als Surrogat, als Ersatz zu nehmen, auch nicht als Ersatz für religiöse Bedürfnisse.

2. *Die Unfähigkeit zu trauern«*, von Alexander und Margarete Mitscherlich für den gesellschaftlichen Raum »Bundesrepublik« beschrieben, hat ihre Entsprechung in beiden Kirchen. Es herrscht dort eher so etwas wie die Stimmung einer Melancholie. Im Unterschied zur Trauer, wo man sich einfühlen konnte in den anderen und sich bereichern ließ, ist Melancholie ein Gefühl, das entsteht, wenn der entschwundene Meister sich meinem Ebenbild einzufügen hatte. Die drei Reaktionsformen solcher Melancholie haben die Mitscherlichs so beschrieben:
– Man bekommt eine auffällige Gefühlsstarre, eine sozusagen stoische Haltung.
– Man identifiziert sich leicht mit den Starken und Mächtigen, um nicht so sehr betroffen zu sein und

– man macht Vergangenes ungeschehen und konzentriert sich auf die »Sachzwänge« der Gegenwart.

Alle drei Reaktionsformen finden sich gegenwärtig in der Kirche wieder. Es gibt im kirchlichen Alltag ganze Dimensionen menschlichen Seins, etwa Emotionen, das Spiel und die Erotik, die noch gar nicht Platz bekommen haben, sieht man einmal von den im Zweijahresrhythmus stattfindenden Kirchentagswallfahrten ab. Sigmund Freud schaut man nicht gern in die Augen, und der Hinweis auf Baal und kanaanäische Fruchtbarkeitsgötter kommt schnell. Wo sich Kirchenleitungen besonders im Sinne eines Wächteramtes« verstehen (katholische und lutherische), tritt ein defensives Element zutage, welches kontradiktorisch zur Dynamik des Heiligen Geistes erlebt wird. Es tritt dann immer die Furcht hervor, es könnte Unkontrollierbares geschehen. Die Vorgeschichte so mancher Kirchtentage im Hick-Hack zwischen Kirchentagspräsidium und landeskirchlicher Kirchenleitungen, aber ebenso der Ablauf des jüngsten Katholikentages mit seiner unendlichen Kluft zwischen Zentralkomitee und Besuchern, geben reichlich Anschauungsmaterial zu dieser These.

Dem entspricht die Tendenz beider Kirchen, in ihrer eigenen Struktur staatsförmig zu werden und zu sein. Sie empfangen Steuern und haben in den vergangenen Jahren ähnlich wie der Staat einen hohen Grad von Bürokratisierung erreicht, äußerlich allein an den Millionenbeträgen zu sehen, die für Verwaltungsgebäude ausgegeben werden. Man erliegt, wie der katholische Alttestamentler Norbert Lohfink das unnachahmlich ausgedrückt hat, wieder der »davidischen Versuchung«. Dabei erforderte die Verwaltung religiöser Sinngebung für alle nur ein begrenztes Maß an Institutionen für alle: Angebot von Sonntagsgottesdiensten; Riten, die man für die kritischen Punkte im Lebenslauf erbitten kann; ein lockeres Raster von Anweisungen für die moralisch bewährten Grenzen des Verhaltens. Natürlich können die vorhandenen Institutionen weiterhin subsidiär karitative, fürsorgerische und erzieherische Aufgaben übernehmen. Doch dies könnte eine sich differenzierende Gesellschaft auch jederzeit abnehmen. Die Kirchen wären dann freier vom Staat. Sie wären fähig, auch eine Art »Gegenkultur« zu entwickeln oder zumindest ihren Fermentcharakter nicht mehr hinter dem »Sachzwang«-Argument verstecken zu müssen.

3. *Bei aller Trauer über die Trennung bedeutet Trauer nicht, daß man verlassen ist.* In den Abschiedsreden des Johannes erwähnt Jesus den Geist, der als »Beistand kommen wird: »Das gebiete ich euch, daß ihr einander liebt.« Die Trauer der Getrennten ist die Trauer derer, die lieben. Sie vergessen nicht, was geschehen ist »in jenen Tagen«, und sie idealisieren nicht die »Andersartigkeit« dieses Jesus Christus weg! Wenn ich den anderen nicht aufsauge mit seinen eigenen Sehnsüchten und Bedürfnissen, sondern mein Leben mit ihm teile, dann besteht Chance auf Reifung der Liebe.

Daß dies auch praktisch in der Kirche möglich ist, zeigen Berichte von der vielgeschmähten Kirchenbasis. So hat zum Beispiel in Hamburg ein Kreis von kirchlichen Mitarbeitern eine Zeitlang regelmäßig diejenigen Gebiete besonders beachtet, die als »sozialer Brennpunkt« gelten: schwierige Stadtteile mit Wohnmaschinen und schlechter Infrastruktur. Horst Albrecht, Pfarrer in Kirchedorf auf Hamburgs Elbinsel Wilhelsburg, hat am konkreten alltäglichen Beispiel gezeigt, wie Trauer über die Trennung und die Distanz in Freude an der gleichwohl erfahrenen Vertrauensstellung der Kirche umschlagen kann. Freilich bedurfte es des, wie Albrecht diese reife Trauer traditionell nennt, festen Glaubens an die »Rechtfertigung der Gottlosen«, um das Leben dort nicht nur auszuhalten, sondern sogar freundlich zu erleben. Es war für ihn verbunden mit einer Vereinfachung und Elementarisierung kirchlicher Kommunikation, mit einer Öffnung der Grenzen der Gemeinde für Ausländer und deren Religion (der Pastor nimmt an einer islamischen Beerdigung teil). Gesucht wird dort »fraglose Annahme, ein stets offenes Zuhause, Heimat«. Und so merkwürdig es klingt: Zur Elementarisierung kirchlichen Lebens gehört, daß man auf uralte Wünsche religiösen Lebens stößt; die Bewohner dieser Stattteile sehen sich nach einem »heiligen Ort« (die alte Fachwerkkirche), nach einer »Heiligen Zeit« (Weihnachtsabend) und nach einer »heiligen Handlung« (spontane Bitte um eine Abendmahlsfeier nach dem weihnachtlichen Mitternachtsgottesdienst). Dies ist ein Hinweis auf die produktive Form der Jüngertrauer: Seht, welch ein Christentum!

Hermann Häring

Die Leidenden als Maß

Zu einer notwendigen ökumenischen Spiritualität

Ökumene, das meint die weite bewohnte Welt, das bedeutet für die Kirchen eine weltoffene Christenheit, Gemeinschaft und Angebot des *Bürgerrechts* für alle, die bereit sind, sich in ihrer Suche nach Gottes Reich auf Jesus Christus einzulassen. »Ökumene« ist deshalb für viele Christen unseres Jahrhunderts zu einem großen und einladenden Begriff geworden. Er signalisiert die Hoffnung auf eine neue, befreite und befreiende Gestalt unseres Glaubens. Er darf auf einem Kirchentag von Rang nicht fehlen.
Allerdings gibt es neben dieser großen Utopie den real existierenden Ökumenismus. Keine der großen Kirchen will da beiseite stehen, doch im droht gegenwärtig – zumindest in Mitteleuropa – aller Geist zu entschwinden. Die real existierende Ökumene ist wieder zu einem zähen und undankbaren Geschäft geworden. Zu viele Menschen gibt es, die neu an ihr leiden, statt von ihr getragen und begeistert zu sein. Seht, welch eine Ökumene!

Stagnation

Ökumene konkret, das heißt ja für viele: endlose Kommissionen, trotz aller Konsensdokumente entschlußlose Kirchenleitungen, ein Schauspiel großer Studien und *folgenloser* Erklärungen. Ökumene konkret, das bedeutet heute auch: schleichende Stagnation und unmerklicher Rückschritt. Die Großkirchen springen nicht über ihre eigenen Schatten. Keine scheint sich mehr zu korrigieren, keine mehr zu protestieren. Nichts mehr geht ans Eingemachte. Je perfekter Theologen die Unterschiede verwalten, desto mehr häufen sich die Probleme. Kardinal Bea beschloß 1959, als nach Meinung Johannes' XXIII. die Zeit noch nicht reif war, diese reif zu machen. Es galt damals, dem Drängen des Geistes endlich Raum zu schaffen. Inzwischen ist, so scheint es, das Warten auf den Geist zum Vorwand der eigenen Trägheit geworden. Das Pfingsttreffen von Augsburg durfte sich nicht wiederholen. Rom widerlegt seine ökumenischen Absichtserklärungen durch ein zentralistisches Kirchenregiment. So sind hohe Erwartungen versandet und Hoffnungen enttäuscht. Auch ein Kirchentag kann da keine Wunder wirken. Das ist die eine Seite des real existierenden Ökumenismus.

Opfer dieser Situation sind die von der fortdauernden Trennung betroffenen Menschen. Sie tragen oft schwer am Kreuz überholter Fiktionen, an den Folgen doktrinaler Intoleranz und institutioneller Rechthaberei. Gewiß, man gibt sich nicht mehr polemisch und exklusiv. Doch immer noch gelten evangelisches Amt und Abendmahl für Katholiken als ungültig. Trotz einer breiten, gemeinsam gewachsenen Tradition kam es noch nicht zur Gemeinschaft von Kanzel und Altar.

Ist Luther nicht auch für Katholiken ein Vater des Glaubens? Dieses kühne Wort hat im katholischen Raum Eingang gefunden, und dennoch folgen die tiefgreifenden *Einschränkungen* auf dem Fuße. Luther sei eben doch zu ichbezogen, zu subjektiv und leidenschaftlich gewesen. Sein Kirchen- und Amtsverständnis lasse zu wünschen übrig. Könnte das Augsburger Bekenntnis katholischerseits nicht anerkannt werden? Darüber begann man zu reden und zu tagen. Aber bitte, so hörte man listig, schon Luther (»Leisetreterei!«) stand diesem friedfertigen Dokument sehr skeptisch gegenüber. Gibt es inzwischen nicht schon an allen Ecken und Enden, in Gemeinden und an herausragenden Orten (man denke an Taizé) gemeinsame geistliche Erfahrungen, Gebet, ein neu erwachtes Verständnis der Bibel? Ja, sagt man, diese seien hoch zu loben, aber die uns trennende Vergangenheit stehe immer noch unabgegolten zwischen uns. Haben nicht in den vergangenen Jahren prominente Vertreter beider Kirchen leidenschaftliche Plädoyers für die Einigung erarbeitet, man denke nur an die Stimmen von H. Fries und K. Rahner? Ausgerechnet gegen die beiden hat man höheren Orts aber ablehnend reagiert. Ist der Friede, für den wir doch alle sind, nicht allererst zwischen den Kirchen in Angriff zu nehmen? Auch das wird bejaht. Gerade deshalb, so sagt man, müßten wir die Trennung geduldig und betend ertragen.

Ich bin von diesem unübersehbaren Arsenal gescheiter, aber *ängstlicher* Argumente nicht mehr überzeugt. Was mit der einen Hand

gegeben ist, nehmen sie mit der anderen zurück. Der Blick auf die leidenden, zutiefst verunsicherten und bisweilen verzweifelten Menschen – um sie allein war es Jesus gegangen – wiegt nicht mehr. Das aber ist unchristlich; denn der leidende Jesus selber ist auch für Fragen der Ökumene das christlich zentrale und allein durchschlagende Argument. »Ecce homo« ist das Maß *allen* christlichen Handelns.
Wer aber leidet an der Trennung? Da sind einzelne, vielleicht theologisch gebildete oder spirituell hochstehende Christinnen und Christen, die die wahre Kirche als die Eine lieben. So leiden sie an der Spaltung. Ihr abstraktes Leiden aber mag erträglich sein; denn noch nie war diese Kirche die reine und makellose Braut, in der das Licht der Wahrheit schattenlos erstrahlt. Nie wird es auf dieser Erde eine Kirche ohne Spannungen, ohne Arroganz und institutionelle Verfremdungen geben. Dies ist an sich kein Grund, sich von ihr abzuwenden.
Aber da sind auch einzelne Gruppen, Freunde, Ehepaare und ganze Familien, denen – ohne ihre eigene Schuld und trotz verantwortbarer Einigung – die Erfahrung des einen christlichen Glaubens, denen die Gegenwart des ungeteilten Christus *zu Unrecht* vorenthalten wird. Sie sind den Grenzziehungen, dem Spiel der Nicht- und der Teilanerkennung, den vielen diplomatischen und undiplomatischen Zwischenlösungen ausgeliefert, oft aus ihren Gemeinden hinausgedrängt. In Namen Christi verweigert man ihnen den gemeinsamen Segen für ihren Lebensweg, läßt man sie nicht gemeinsam zur Eucharistie. Eine christliche Erziehung ihrer Kinder wird ihnen immer noch erschwert. Dieses Leiden ist nicht nur sehr schmerzlich, oft übersehen und zur Einsamkeit verurteilt. Es ist auch, vom Stand neuer geistlicher Erfahrungen und theologischer Forschung aus gesehen, ein selbstprodziertes Leiden, unnötig, ungerecht, geradezu absurd, für viele ein Argument gegen die von den Kirchen verkündete Wahrheit. Auch das gehört zur einen, der dunklen Seite unseres real existierenden Ökumenismus.

Fortschritt

Aber diese Klage kann und muß nicht das letzte Wort sein. Denn es gibt auch eine Geschichte der erfolgreichen und begeisternden Ökumene. Sie zu erzählen nähme ebenfalls Bände in Anspruch. Diese

weltweite *Utopie* nämlich, die Impulse des Ökumenischen Weltrats sowie des 2. Vatikanischen Konzils, die ungezählten Begegnungen zwischen den Konfessionen haben schon gründlich ihre Wirkung getan. Genau hier hat der Geist Gottes kräftig geweht. Seitdem sich Gläubige beider Konfessionen treffen, um miteinander zu sprechen, die Schrift zu lesen und zu beten, seitdem die »konfessionsverschiedenen« Ehen dabei sind, ihren Makel in den Ehrentitel ökumenischer Vorhut umzumünzen, seitdem auch eine breite christliche Öffentlichkeit weiß, wie zerbrechlich und dünn die Wand jener Glaubensaussagen geworden ist, die noch zwischen den verschiedenen Konfessionen steht, hat sich eine Ökumene der Gruppen und Gemeinden gebildet, die den Berg der Reflexionen und Studien, der Kommissionspapiere samt Verwaltungsapparaten hinter sich läßt.
Diese Bewegungen haben sich gefestigt und das Stadium schnell verlöschender Strohfeuer längst überwunden. Viele arbeiten sich nicht mehr mit ökumenischen Fragestellungen ab, und das ist ihr größter Erfolg; denn die Ökumene wurde für sie zur *selbstverständlichen Dimension* ihres christlichen Handelns, ihres sozialen Einsatzes und Kampfes für den Frieden oder die Erneuerung der Kirche, ihrer missionarischen Anstrengungen, ihrer Theologie, ihrer Meditation und ihres Gebets. Der Geist der einen Aufgabe und des einen Zeugnisses wurde ungeachtet formeller Hindernisse zur geistlichen Realität. Das ist gut so. So wie es weder Juden oder Griechen, Sklaven oder Freie, weder Mann oder Frau geben darf (Gal 3,28), kann es auch nicht mehr Katholiken oder Orthodoxe, Protestanten oder Freikirchliche geben. Diesem Urteil göttlichen Rechts werden sich die Kirchenstrukturen wohl oder übel anpassen müssen, wenn sie sich künftig auf Christi Willen berufen. Das ist die andere Seite.
Die Kirchenleitungen reagieren kaum auf diese transnationale und transkonfessionelle Entwicklung. Deren ökumenische Tragweite wird verdrängt. Aber sie ist *unverzichtbar*; denn die traditionelle, auf die Lehrunterschiede der Vergangenheit fixierte Ökumene ist an ihre Grenzen gestoßen. Den Durchbruch zur Gemeinsamkeit können wir aus dieser begrenzten Perspektive nicht erreichen; denn Christsein bedeutet umfassende Lebenspraxis und ständige Bekehrung. Deshalb ist ein Ökumenismus *reiner* Theologie unfruchtbar, solange er sich nicht von den Erneuerungsbewegungen inspirieren läßt, die in ihren

Zielen die ökumenische Utopie schon vorweggenommen haben. Ökumene ist – ebenso wie der Friede, wie die Nachfolge und unsere Hoffnung auf Gott – unteilbar. Deshalb können wir sie und die christlichen Erneuerungsbewegungen nicht mehr voneinander trennen.

Perspektiven

Für das Verhältnis der schon gelebten zur institutionell betriebenen Ökumene ergeben sich daraus wichtige Folgerungen:

a) Kirchenleitungen müssen sich in Sachen Ökumene als Sprecher derer verstehen lernen, die *ökumenische Erfahrungen* gesammelt, die im Gebet, sowie in christlichem Handeln einander gefunden haben. Wollen die Kirchen glaubwürdige Repräsentaten der ökumenischen Bewegung sein, werden sie es lernen müssen, im Namen dieser engagierten und mutigen Menschen zu sprechen. Ohne diese Spiritualität der innerkirchlichen und innerkonfessionellen Gemeinschaft gibt es kein echtes ökumenisches Gespräch. »Ecce homo« bedeutet in diesem Zusammenhang: Zeigen wir uns auch öffentlich als die Geschwister und Freunde Jesu, die wir *mit*einander sind. Auf dem Kirchentag kommt es darauf an, daß wir uns von unseren ökumenischen Erfahrungen gegenseitig und in aller Offenheit erzählen.

b) Kirchenleitungen müssen damit ernst machen, daß eine wirkliche ökumenische, d. h. weltoffene Interpretation der christlichen Botschaft das gängige und herkömmlich legitimierte Glaubensbewußtsein der *Konfessionen* sprengt. Das Samenkorn muß in die Erde fallen, wenn es Frucht bringen will. Allen ängstlichen und mutlosen Reaktionen mangelt die Souveränität derer, die wissen (oder erfahren haben), daß erst derjenige sich wiederfindet, der sich wirklich preisgegeben hat. Ohne diese Spiritualität des unverkrampften und selbstlosen Lernens gibt es keinen ökumenischen Fortschritt. »Ecce homo« bedeutet in diesem Zusammenhang: Zeigen wir, daß und wir über unsere eigenen Schatten springen können. Auf dem Kirchentag kommt es darauf an, daß wir in Verhalten, Gespräch und Gottesdienst etwas von der *Freiheit* der von sich Befreiten spüren lassen.

c) Zeichen für die ökumenische Unreife unserer Konfessionen ist das Phänomen der *neuen Polarisierungen*, die in allen Konfessionen zu beachten sind. Die Intoleranz nahm in den vergangenen Jahren unter Berufung auf den wahren Glauben in beängstigender Weise zu. Wir haben wohl immer noch nicht begriffen, daß uns Christus zwar ein für allemal erlöst, uns den Vollzug dieser Erlösung aber in jeder Kultur und in jeder Epoche neu aufgetragen hat. Es kommt nicht von ungefähr, daß ökumenische Fortschritte unter Berufung auf wachsende innerkirchliche Polarisierungen gedämpft werden, daß inzwischen eine negative Ökumene des Status quo am Werke ist. »Ecce homo« bedeutet in diesem Zusammenhang: Wagen wir im Streit um den besseren Weg das offene und unverstellte Gespräch über die partei- und gesellschaftspolitischen Gruppierungen hinweg. Ohne eine Spiritualität der *Verletzlichkeit* gibt es keinen ökumenischen Tiefgang. Auf dem Kirchentag kommt es deshalb darauf an, daß wir die Abrüstung der transkonfessionellen Fronten besprechen und betreiben.

d) Erstes und vornehmstes Kriterium der ökumenischen Bewegung aber bildet nicht die Frage, ob und wie eines jeden eigene Tradition und Lehre wörtlich in Geltung bleibt. Erstes und vornehmstes Kriterium ist und bleibt die Frage, ob und inwieweit sie den *leidenden Menschen* der Vergangenheit und Gegenwart gerecht wird. Die Leidenden der Vergangenheit, das sind die Verketzerten, Verbrannten und inquisitorisch Gedemütigten; das sind die konfessionellen Minderheiten, Verachteten, von militärischen und geistigen Kreuzzügen Geschlagenen, das sind aber auch die unerträglich belasteten und an der Glaubenstrennung zerbrochenen Lebensgemeinschaften. Die Leidenden der Gegenwart, das sind diejenigen, die immer noch unterdrückt, ausgebeutet und ermordet werden, weil den Konfessionen ihr eigenes Wohlsein wichtiger ist als ihr entschiedener öffentlicher Einsatz für eine gerechte Zukunft. Ohne diese Spiritualität des Gedenkens gibt es keine ökumenisch tragfähigen Impulse. »Ecce homo«, das bedeutet hier: Seht die Leidenden, mit denen sich Jesus am Kreuz um Gottes willen identifiziert hat. Auf dem Kirchentag kommt es deshalb darauf an, im Horizont von *Leiden und Tod* alle übrigen Fragen zu relativieren.

e) Größte Gefahr der theologischen und amtlichen Ökumene ist ihre *historisierende Regression*. Sie kommt oft nicht mehr von der Vergangenheit her in den Aufbruch zu neuen Zielen, sondern schreitet aus der Gegenwart in eine idealisierte Vergangenheit zurück. Man betreibt dann restaurierende Museumskunde statt besonnener neuer

Architektur. Dagegen müssen wir lernen, die Ziele für die Zukunft, die Utopien des Gottesreichs aufzubauen, in dem die Kirchen endgültig verschwinden. »Ecce homo« bedeutet in diesem Zusammenhang: Seht unsere Kinder und Enkelkinder, die Kontinente des 21. Jahrhunderts, für die Christus ebenso gestorben ist wie für uns. Seht, was dem Weltfrieden nottut. Im Blick darauf bleibt unserer kleinen und oft kleinlichen Ökumene nur noch ein begrenzter Operationsraum. Ohne diese Spiritualität missionarischer Hoffnung bleibt die Ökumene ohne ein christlich lohnendes Ziel. Sie verliert ihre Richtung auf eine geeinte, auch in den Weltreligionen versöhnte Menschheit hin. Es kommt deshalb auf dem Kirchentag darauf an, das Gespräch über die *Zukunft der Welt* ökumenisch zu führen und die Ökumene in dieses Thema zu integrieren.

Rücken wir vor allem die Perspektiven zurecht. Nicht die theologischen Grundentscheidungen, nicht die großen Fragen nach der Welt, den Menschen oder dem Kosmos trennen uns, auch nicht der Blick auf Jesus von Nazaret, den wahren, von uns allen als Messias gepriesenen Menschen. Uns trennen die *Strukturen unserer Kirchen*, Fragen nach den Trägern kirchlicher Vollmacht und Garanten der Wahrheit. Kirchenleitungen urteilen, entscheiden, verweigern sich – ob sie wollen oder nicht – stets mehr in eigener Sache. Das ist nicht nur das Problem der katholischen Kirche mit ihrem Anspruch auf eine ungebrochene Tradition und ein universales, Primat und Unfehlbarkeit einschließendes Amt. Die Tendenz zur Amtlichkeit, zur eindeutigen Autorität und neuen Ordnung der Reihen ist allgemein zu beobachten. Ich bezweifle, ob dies der richtige und zukunftsweisende Weg ist, weil er immer wieder den Blick auf Jesus, den Christus unseres Glaubens, verdeckt.

Allein der Blick auf ihn entscheidet. Wenn und weil sich uns deshalb der Eine Christus im Wort und im Abendmahl anbietet, haben wir kein Recht mehr, die anmaßende Fiktion getrennter Kirchen aufrechtzuerhalten. Wir haben allerdings auch die Pflicht, die Beschwörung der Einen Kirche nicht zur neuen, christlich nie verwirklichten Fiktion verkommen zu lassen. So kommt es darauf an, nach beiden Seiten hin auf die *Unterscheidung der Geister* zu achten. Das ist ein spirituelles und prophetisches, nicht unbedingt ein kirchenamtliches Geschäft. Dazu bedarf es deshalb nicht nur einzelner, sondern all derer, die im Blick auf Ihn mitzudenken, mitzuhandeln und vorbehaltlos auf Gott zu vertrauen bereit sind. Die Zeiten sind zur Bereinigung einer umseligen Vergangenheit sind jetzt überreif. So müßten auch die Kirchentage endlich ökumenisch sein.

Volkmar Deile

Zähneknirschend

Anrede an meine katholischen Geschwister, das Konzil des Friedens betreffen – in der »Nacht der Solidarität« der Initiative Kirche von unten beim Aachener Katholikentag am 13. 9. 1986

Liebe Geschwister!
Ihr seid Katholiken, jedenfalls zum größten Teil. Ihr seid wahrscheinlich gerne Katholiken. Katholik zu sein, bedeutet Euch etwas. Und Ihr habt Kritik an Eurer Kirche. Die schiere Existenz der »Initiative Kirche von unten« zeigt das. Allein in der Bezeichnung Eures Zusammenschlusses sind Nähe und Distanz enthalten.
Ich bin ein Protestant. Ich bin auch ganz gerne ein Protestant. Vieles in dieser Tradition ist mir wichtig. Und ich habe auch Kritik an meiner Kirche. Manches an ihr wünsche ich mir christlicher. Dafür arbeite ich.
In den letzten Jahren haben meine Freunde und ich – meistens Protestanten – viel mit einigen von Euch zusammen gemacht. Demonstriert und diskutiert, Aufrufe geschrieben, vor Raketendepots gesessen. Und wie selbstverständlich ergab es sich: Wir haben auch zusammen gebetet und Gottesdienst gefeiert.
Das ist für mich eine wirkliche Bereicherung geworden. Euer Heiliger Franz von Assisi, der ja eigentlich unser gemeinsamer ist, was ich erst relativ spät entdeckt habe, ist mir wichtig geworden. Die Theologie der Befreiung hat mir geholfen. Vieles in der Bibel verstehe ich heute

besser als führer. Es ist mir klarer geworden, was Gott in dieser Zeit von uns will. Ich habe einfach besser verstanden, was ein Christ, was ein Protestant sein kann und sein soll.

Vielleicht ist es Euch auch so gegangen. Aus manchen Gesprächen habe ich diesen Eindruck. Durch die Zusammenarbeit mit uns seid Ihr – unsere katholischen Geschwister – keine schlechteren Katholiken geworden. Eher bessere.

Wir haben also keinen evangelisch-katholischen Glaubens-, Theologie- oder Kirchen-Misch-Masch gemacht, sondern sind – herausgefordert durch Welthunger, Rüstungswettlauf und Naturzerstörung – »bessere« Christen geworden. Die einen als Katholiken, die anderen als Protestanten. Jedenfalls haben wir besser verstanden, was Christsein heute sein soll. Und das hat uns zusammengebracht. Anscheinend sind in unseren verschiedenen Glaubensweisen gemeinsame Stärken enthalten. Ich glaube, daß das, was sich da unter uns und zwischen uns abgespielt hat, genau das ist, was seit dem Düsseldorfer Kirchentag 1985 mit dem schwierigen Wort *»konziliarer Prozeß«* bezeichnet wird. Christen unterschiedlicher Kirchen entdecken ihre gemeinsame Verantwortung in dieser Zeit als Kairos für die Umkehr. Und sie entdecken sie als Frage an ihren Glauben, an ihr Bekennen ebenso wie an ihre Vernunft.

Weil ein solcher »konziliarer Prozeß« real unter uns stattfindet, ist auch die Hoffnung auf ein Konzil des Friedens realistisch. Voraussetzung eines Konzils wäre aber die volle *Kirchengemeinschaft*, oder noch deutlicher: die volle eucharistische Gemeinschaft am Tisch des Herrn. Die haben wir nicht. Wir können dies nur als Schuld bekennen. Stellen wir uns einmal vor, Jesus hätte das Abendmahl den Jüngern auf deren Verlangen in getrennten Abteilungen austeilen sollen. Ich glaube, er hätte sich geweigert.

Wie gesagt, wir können dies nur als gemeinsame Schuld bekennen. Dieser Schuld wegen wird das Konzil kein Konzil genannt werden können. Aber das heißt nicht, daß die Sache aufgegeben werden kann. Oder aufgegeben wird. Wenn einige Zeitungen wegen der Probleme mit dem Namen behaupten »Das Friedenskonzil ist tot«, so ist das Unsinn. Wir glauben alle an die »eine katholische Kirche«, bekennen dies jedenfalls im Glaubensbekenntnis, und solcher Glaube kann nicht tot sein. Er verwirklicht sich vielmehr dort, wo wir das jetzt

Mögliche und Notwendige suchen. Und das ist nicht ohne Aussicht. Nicht nur unter uns hat sich in den letzten Jahren einiges geändert. Viele Christen – und auf diesem Katholikentag ist das öfters gesagt worden – haben eine Ahnung davon bekommen, daß wir eine eucharistische Gemeinschaft sind und sein sollen.
Dies ist es, was die prophetische Vision von einem Friedenskonzil ermöglicht hat, die heute mögliche Form dafür scheint die »Ökumenische Weltkonferenz für Gerechtigkeit, Frieden und Bewahrung der Schöpfung« zu sein, zu der der Ökumenische Rat der Kirchen eingeladen hat. Die volle katholische Partizipation daran ist notwendig. Das »Seufzen der ganzen Schöpfung« fordert dies. Dieses Seufzen hat uns gemeinsam auf den Weg gebracht. Welchen Weg? Die Antwort heißt: Wer an die Quelle will, muß gegen den Strom schwimmen. Und »die vom Weg« wurden schon die uns gemeinsam ersten Christen genannt.

Eine theologische Regelverletzung
Als C. F. v. Weizsäcker auf dem Düsseldorfer Kirchentat zu einem »Konzil des Friedens« aufrief, war dies – sicherlich unbeabsichtigt – eine theologische Regelverletzung. Er hat den Finger in eine offene Wunde gelegt. Die Wunde besteht darin, daß etwas notwendig ist, was heute so nicht möglich ist. Die Kirchen sind heute nicht *konzilsfähig*, obwohl Gerechtigkeit und Frieden *konzilsbedürftige* Themen sind. Wie das oft der Fall ist, hat die Regelverletzung geholfen. Stellt Euch einmal vor, dort in Düsseldorf wäre eine ökumenische Konferenz gefordert worden. Kein Hahn würde heute mehr danach krähen.
Dieser Aufruf zum Friedenskonzil hat eine atemberaubende Hoffnung wiederbelebt, besser: neu in die Welt gesetzt, die Dietrich Bonhoeffer 1934 ausgesprochen hat: Die universale Kirche aus allen Kirchen solle ihren Söhnen im Namen Christi die Waffen aus der Hand nehmen und den Frieden Christi ausrufen über die rasende Welt, so daß diese das Wort vom Frieden *zähneknirschend* zur Kenntnis nehmen muß. Ein schönes Bild ist das und eine geradezu unverschämte Hoffnung.
Ich fürchte, so wird es nicht gehen. Aber das heißt doch nicht, daß die Hoffnung falsch ist. Und ein wenig ist von dieser Vision ja schon

Wirklichkeit geworden. Auf der ganzen Erde, in allen Völkern haben Christen in den letzten Jahren die Waffen aus der Hand gelegt. Nicht als Zeichen der Unterwerfung oder der zwangsweisen Befriedung – nein, sondern um den Kampf für Frieden und Gerechtigkeit aufzunehmen. Und in den Kirchen hat sich einiges bewegt, bei den US-Bischöfen, bei den Holländern, in den DDR-Kirchen, ja auch bei uns, selbst wenn unsere Kirchen leider in vielem die Nachhut sind. So Unrecht haben Bonhoeffer und der katholische Märtyrer Max Josef Metzger, der 1939 auf ähnliches drängte, nicht gehabt. Dieses Auf-dem-Wege-sein des ganzen Gottesvolkes darf nicht zu Ende gehen. Da liegt eine der Versuchungen der Konzilsdiskussion. Die Kirchenleitungen sollen es machen, die Bischöfe. Ja, gewiß, die auch. Aber wir können und dürfen unsere *Verantwortung* nicht delegieren oder abgeben. Man kann das Friedenskonzil nicht als Tagespunkt 17 der Gemeindekirchenratssitzung abhaken. Wer es unterstützt, verpflichtet sich damit gleichzeitig dazu, das, was auf der Weltebene dringend ist, bei sich zu Hause und in seiner Gemeinde zu versuchen.

Vor einer zweiten Gefahr der Konzilsdiskussion muß gewarnt werden. Über lauter Problemen zwischenkirchlicher Diplomatie (Wie erreicht man die Teilnahme aller? Wer beruft ein? usw.) darf das *Sachanliegen* nicht verlorengehen. Der Konzilswunsch ist aus der Abschreckungskritik gewachsen. Deshalb müssen Rüstungskritik, Ausbeutung, Unterdrückung, Rüstungswettlauf weiter beim Namen genannt werden. Auswege aus den Sackgassen sind weiter dringlich. Jürgen Moltmann hat diesen Sachverhalt schon 1972 in aller Klarheit festgestellt: »Wer beruft heute das Konzil ein? Wir haben keine Weltregierung, die den Weltfrieden verantwortet. Wir haben nicht die »eine Welt«, sondern eine durch soziale Ungerechtigkeit, militärische Rüstung, politische Unterdrückung und Naturzerstörung geteilte und vom universalen Tod bedrohte Welt. Wer wird das Konzil einberufen, wenn nicht diese *Zwangslage der Menschheit*?«

Wenn es die Zwangslage der Menschheit ist, die einberuft, so hat dies Folgen für die äußere Gestalt der Versammlung. Sie wird die Solidarität mit denen, die die Opfer von Ungerechtigkeit, Unfrieden und Naturzerstörung sind, ausdrücken müssen. Das Konzil wird nicht durch die Zusammenfassung der Macht, die die Kirchen, den Gesetzen dieser Welt folgend, als Institutionen haben, wirken. Das Konzil ist keine

Veranstaltung im Sinne des hochkirchlichen Triumphalismus. Es wird nur dadurch *»unüberhörbar«*, daß in ihm die Kraft Gottes wirken kann, die in den Schwachen mächtig ist. Unüberhörbar wird ein Wort nicht allein dadurch, daß es den Herausforderungen von Weltkrieg, Welthunger und Weltzerstörung gerecht wird, sondern vor allem dadurch, daß die Kirchen und Christen dieses Wort leben. Schon die altkirchlichen Konzile wußten dies. In ihnen wuchs die Erkenntnis stufenweise. Nicäa, Konstantinopel und Chalcedon formulierten in wachsender Verbindlichkeit das Glaubensbekenntnis, das bis heute gilt. Die *Rezeptionsgeschichte* entscheidet über die Qualität eines Konzils. Übertragen könnte man sagen: Papiere gibt es genug, gute und schlechte. Was fehlt, ist die gelebte Konsequenz aus den Worten. Das »Tun des Gerechten«, das dem Konzil folgt, entscheidet über das Konzil, egal, unter welcher Bezeichnung es stattfinden wird. *Verbindlichkeit* nennt man das. Diese Verbindlichkeit kann nicht qua Amt oder Hierarchie – womöglich disziplinarisch – durchgesetzt werden, sie kann nur, getroffen von der Wahrheit Gottes, die uns in den Armen begegnet, von uns gelebt werden. Deshalb ist der konziliare Prozeß so wichtig. In ihm entsteht vor dem Konzil die Bereitschaft, nach dem Konzil das Ergebnis in tätige *Lebenspraxis* umzusetzen.

Dennoch ist die Versammlung selbst nicht unwichtig. Der konziliare Prozeß ist der Weg zu einem Ziel. Das Konzil schließt den Weg in gewisser Weise ab, ist aber nicht selbst das Ziel. Das Ziel muß die Veränderung sein, die das Zusammenleben der Menschen auf dieser Erde verbessert. Deshalb ist ein mögliches Konzilsergebnis auch leicht vorstellbar. Die Schwierigkeiten kommen danach, wenn das ZÄHNEKNIRSCHEN einsetzt, bei uns, in den Kirchen, in der Politik.

Gefragt, welches *Ergebnis* ein Konzil haben sollte, wage ich folgende vier Grundaussagen:

1. Alle Christen gehören zu dem einen *Leib Christi*. Dieser lebt in allen Völkern und ist ein Zeichen für die Einheit der Menschheit. Diesem Leib Christi in allen Völkern gehört die *erste Loyalität* der Christen und nicht den nationalen, politischen und ökonomischen Teilinteressen und -egoismen.
2. In dem einen Leib Christi, der in allen Völkern lebt, ist es unmög-

lich, sich mit der *Vernichtung* zu bedrohen und *Krieg* gegeneinander zu führen.

3. In dem einen Leib Christi sind die *Koexistenz von Hunger und Überfluß unvereinbar*. Christen können weder einander noch anderen Menschen das tägliche Brot verweigern.
4. Gott hat den Menschen zusammen mit allen Kreaturen geschaffen. Der Mensch kann nicht im Kampf gegen seine natürliche und kreatürliche *Mitwelt* leben. Zerstört er die Mitwelt, begeht er Selbstmord.

Sprechen die Kirchen diese Grundwahrheiten gemeinsam aus, so würden sie nur der Wahrheit Ausdruck verleihen, deren Leib sie selbst sind (Heino Falcke). Und diese Wahrheiten wollen gelebt werden, unter verschiedenen Bedingungen und in den jeweiligen Kontexten. Und sie können heute schon gelebt werden. Dabei sind die Kriterien hilfreich, die in der Ökumene für die *Konziliarität* entwickelt worden sind. Konziliarität strebt nach Wahrheit und sucht den Konsens, offenbleibend für die größere Wahrheit, die uns jetzt noch verborgen ist. Konziliarität sucht die Teilnahme des ganzen Volkes Gottes und überschreitet dabei konfessionelle Grenzen. Konziliarität sucht die Kommunikation, nicht die Exkommunikation und die Entscheidung. Konziliarität und Konzilianz sind nicht dasselbe. Schließlich erlaubt Konziliarität Rezeption und das Entstehen von Verbindlichkeit.

Wie kann dieses nun praktisch werden?
Die Ökumenische Vollversammlung hat 1983 in Vancouver dazu aufgerufen, »gegenseitige Verpflichtungen (Bund) für Gerechtigkeit, Frieden und die Bewahrung der Schöpfung« einzugehen. So wie das David und Jonathan in 1. Sam 23,18 tun. Sie vereinbaren *untereinander vor Gott* ein neues Verhalten zueinander und helfen sich dabei, dieses zu leben. So wie das auch die Aktion Bundesschluß zwischen Gemeinden bei uns und von Zwangsumsiedlung bedrohte Gemeinden in Südafrika tun. Sie versprechen sich vor Gott, einander zu helfen. Die Gemeinden hier stellen Öffentlichkeit für die bedrohten südafrikanischen Gemeinden her und helfen dadurch. Die südafrikanischen Gemeinden helfen uns zu erkennen, wie wir am System der

Apartheid teilhaben und wie wir uns davon lösen können. Es gibt viele Beispiele aus der Geschichte und heute, wo solche Bundesschlüsse versucht worden sind und versucht werden.
Durch solche Bundesschlüsse entsteht eine Vernetzung im ganzen Volk Gottes. Über die Grenzen hinweg und die Trennungen überwindend, die Ungerechtigkeit, Unfrieden, Naturzerstörung und Mißachtung der Menschenwürde geschaffen haben. Solche Bundesschlüsse können die Dynamik von unten verursachen, die *konziliare Bewegung* ingangbringen, die uns dem Ziel näher bringt. Denn die brauchen wir.
Dietrich Bonhoeffer hat bei seinem Konzilsaufruf 1934 etwas getan, was sehr viele, die sich heute in dieser Sache auf ihn berufen, häufig übersehen. Er hat den zu einer Morgenandacht Versammelten seinen Aufruf auf den Kopf zugesagt und betont: Ihr seid das Konzil, das dies tun muß. Das verhallte damals ungehört. Deshalb ist es um so dringlicher, daß wir heute verstehen, daß alle anderen und wir, wir aber ganz besonders, gemeint sind.

Pinchas Lapide

»Rabbi, wo bist Du zuhause?« (Joh 1,38)

Das historische Tatsachengerüst der Evangelien bestätigt einen klaren Sachverhalt: Derjenige, der für Christen der Eckstein ihres Glaubens ist, hieß zu Hause nicht Jesus, sondern JESCHUA. Er ging nicht sonntags in die Kirche, sondern am Sabbath in die Synagoge. Niemand sprach ihn mit »Pater« oder »Hochwürden« an, sondern nannte ihn »Rabbi« oder »Rabboni«. Er kannte weder das »Alte Testament« noch das »Neue Testament«, sondern nur die Hebräische Bibel, die für ihn Die Heilige Schrift war. Kurzum: er war kein Christ, sondern ein

frommer Jude; mehr noch: »ein Hebräer von Hebräern«, wie auch Paulus später (Phil 3,5) von sich mit Stolz behauptet.
Wer sich heute als Jude ernsthaft mit der Gestalt des Nazareners befaßt, wird jedoch auf Anhieb bereits durch die schier unerschöpfliche Vielfalt der christlichen Jesusbilder verwirrt. Da ist der jugendliche Hirte der altkirchlichen Katakombenkunst neben dem zarten Christkind in den Weihnachtskrippen, der siegreiche Kaiser-Gott der byzantinischen Mosaiken, gefolgt vom Weltenrichter auf den Portalen der romanischen Kathedralen, und gleich danach: der sentimentale Menschenfischer des Spätbarocks, der realistische Schmerzensmann in Dürers Gemälden, der am Kreuz thronende Christ-König der spanischen Hofmaler, der aufklärerische Popular-Jesus der Salonportraits, aber auch der kraftlos sanfte Heiland auf Tausenden von Marterln an den Kreuzwegen in ganz Europa.
Der endlosen Galerie von Christusdarstellungen entspricht der nicht weniger farbenprächtige Regenbogen von religiösen Christusvorstellungen: Jesus als Gottessohn, der Menschensohn, der Davidssohn, der Mariensohn, der Sohn Josephs und der Sohn Abrahams, um nur die hauptsächlichen Widerspiegelungen zu nennen, die bereits den Kirchenkanon zu einem Sammelband der unterschiedlichsten Christologien machen. Wer sich dann noch in das Dickicht der modernen Theologie hineinwagt, weiß bald nicht mehr, worüber er mehr staunen soll: die Unüberschaubarkeit der Christusdeutungen oder die Gewißheit, mit der die zünftigen Gotteskundler Bescheid darüber wissen, was Jesus wollte, sagte, vollbrachte und wo er im Himmel thront.
»Ist denn Christus zerteilt?« So fragte einst Paulus die Korinther (1 Kor 1,13), worauf Theologen und Literaten, die Jesusschwärmer, Jesus-Käuze und Jesus-Gammler einstimmig mit »JA!« zu antworten scheinen. Hier kann auch der liberalste Jude nicht mehr mitmachen, denn unverzichtbar für jüdische Gläubigkeit ist die Voraussetzung, daß nichts in der Theologie stimmen kann, was nicht auch im Historischen einen guten Sinn hat, der dem gesunden Menschenverstand einzuleuchten vermag.
So lauten also die ersten Fragen, die sich jedem aufgeschlossenen Forscher aufdrängen: Was hat der Eine mit den Vielen gemeinsam? Welches der unzähligen Christusbilder ähnelt dem Mann aus Galiläa, der einst diese Erde bewohnte? Gibt es überhaupt ein Christusbild, das

mit dem irdischen Nazarener zumindest in seinen wesentlichen Zügen verwandt ist? Zu diesen Fragen gesellen sich drei Widersprüchlichkeiten hinzu, die es mit wissenschaftlicher Redlichkeit zu konfrontieren gilt: Jesus selbst hinterließ uns keine einzige handschriftliche Zeile, aber der Unmenge an Fachbüchern, die über ihn geschrieben wurden, wird heute keine Bibliothek mehr Herr. Er sprach von sich selbst in vorbildlicher Demut und Bescheidenheit, doch die Anzahl der Würdetitel, die ihm die Nachwelt verlieh, ist unübersehbar. Seine gesamte Lehre kann unschwer auf zwei Seiten zusammengefaßt werden. Jedes seiner Worte wurde jedoch derart verwissenschaftlicht und zerpflückt, daß tausende Bände in Hunderten von Sprachen seinem Lehrgut gewidmet worden sind.

Da niemand bis heute diese Paradoxien zu versöhnen vermochte, bedurfte es eines außerordentlichen Maßes von Mut und Selbstkritik, um die nötige Schlußfolgerung zu ziehen. Sie brachte Albert Schweitzer auf, einen Theologen von Weltformat, wie ich meine; seine eigenen jahrzehntelangen Bemühungen um die Deutung der historischen Gestalt des Nazareners führten zu einem Ergebnis, das kategorisch festzustellen wagte: »Diejenigen, die gerne von negativer Theologie reden, haben es im Hinblick auf den Ertrag der Leben-Jesu-Forschung nicht schwer. Er ist negativ (...) Sie zog aus, um den historischen Jesus zu finden, und meinte, sie könne ihn dann, wie er ist, als Lehrer und Heiland in unsere Zeit hineinstellen. Sie löste die Bande, mit denen er seit Jahrhunderten an den Felsen der Kirchenlehre gefesselt war, und freute sich, als wieder Leben und Bewegung in die Gestalt kam, und sie den historischen Menschen Jesus auf sich zukommen sah. Aber er blieb nicht stehen, sondern ging an unserer Zeit vorüber, und kehrte in die seinige zurück. Das eben befremdete und erschreckte die Theologie der letzten Jahrzehnte, daß sie ihn mit allem Deuteln und aller Gewalttat in unserer Zeit nicht festhalten konnte, sondern ihn ziehen lassen mußte. Er kehrte in die seine zurück mit derselben Notwendigkeit, mit der das befreite Pendel sich in seine ursprüngliche Lage zurückbewegt.«

Diesen Worten Schweitzers sollte hinzugefügt werden, daß der Nazarener nun auch in seine alte Bibelheimat zurückzukehren beginnt. Fast zwei Jahrtausende lang erwirkte es die gehässige Judenpolitik und die gewaltsame Missionspraxis der Kirchen, daß der berühmteste

Sohn Israels all seinen leiblichen Brüdern tatkräftigst verekelt wurde. Bis weit ins 20. Jahrhundert hinein war kein frommer Jude bereit, seinen Namen über die Lippen zu bringen, geschweige denn, sich mit seinem Leben zu befassen. Es bedurfte des freien Geistesklimas eines Judenstaates ohne Kirchendrang noch Christenzwang, um die tiefen Wunden zu heilen und alte Vorurteile in neue, junge Wißbegierde zu verwandeln. Und so kam es seit der Staatsgründung Israels zu einer literarischen Jesuswelle, die ihresgleichen in der jüdischen Geschichte nicht kennt. In den letzten 25 Jahren erschienen in Jerusalem allein mehr hebräische Jesusbücher als in allen 18 vorangegangenen Jahrhunderten. Zu ihren Verfassern gehören nicht nur Wissenschaftler und Professoren, sondern auch Beamte, Schriftsteller, Dichter sowie ein Landwirt aus Galiläa und ein Mitglied des Obersten Gerichtshofes.

Israels dreifache Heimkehr – zum Land seiner Väter, zum Volksein und zur Muttersprache der Bibel – begünstigt heutzutage eine Vergegenwärtigung Jesu und seiner Umwelt, wie sie bislang nirgends möglich war. Doch auch die jüngste Vergangenheit hat etwas mit dem stetig steigenden Interesse der Israelis an ihrem weltberühmten Landsmann zu tun. In drei Richtungen beeinflußte die Katastrophe von Auschwitz das Jesusbild des Nachkriegsjudentums: Sie brachte eine Vermenschlichung Jesu, die nichts von der Verhimmlung Christi noch von seiner Verteufelung im Antievangelium des Mittelalters wissen will. Ihr Motto könnte aus Faust stammen: »Die Träne quillt; die Erde hat ihn wieder.«

Doch auch die Antithese zu dieser erneuten Menschwerdung macht sich in der heutigen Literatur und Forschung Israels hörbar. Genauso wie noch immer zahlreiche Christen den Namen »Judas« unterschwellig mit »Juden« assoziieren, so konnten zahlreiche der Überlebenden von Hitlers Endlösung den Namen »Christus« nicht von »Christenheit« trennen – eine Christenheit, die sechs Millionen Judenmorde zugelassen hatte. Und so kam es in einigen Fällen zu einem literarischen Zerrbild, das an Christushaß zu grenzen scheint, wenn auch im Grunde die Unchristlichkeit allzu vieler Getauften angeprangert werden soll. Nicht zuletzt kam es zu einer fortschreitenden Heimholung Jesu, die ihn entweder in die Massengräber der Naziopfer oder in die Reihen der jüdischen Widerstandskämpfer stellt. Der

Eifer des Nazareners, seine Liebe zu Israel und sein tragischer Tod – diese drei Gegebenheiten haben ihn, über alle Barrieren der Vergangenheit hinweg, vielen jüdischen Denkern unserer Generation sehr nahe gebracht. Allen drei Richtungen gemeinsam ist ein wachsendes Einfühlungsvermögen in das Leben und Streben des Nazareners; ein Mitgefühl, das oft von Liebe kaum zu unterscheiden ist, und ein Bewußtsein des Bruderseins, das sogar in den kritischen Antijesuswerken deutlich durchschimmert. Was für alle Autoren als selbstverständliche Voraussetzung gilt, ist, daß Jesus ein Jude war, und zwar kein lauwarmer Randjude oder ein nebenberuflicher Mitjude, sondern Erzjude und Ur-Jude, dessen Menschsein mit seinem Judentum unzertrennlich verbunden bleibt. Einer, der nur »Menschensohn« sein konnte, weil er sich als Jude sowohl als Gotteskind und auch als Abrahamssohn verstehen konnte.
Hier stocken schon die meisten Christen, denn seit den ersten Kirchenvätern bis in unsere Tage hinein wurde dieses Judesein Jesu als ein Stein des Anstoßes empfunden, der fast um jeden Preis entschärft, bagatellisiert oder für irrelevant erklärt werden muß. In den Worten von Markus Barth: »Sicher ist, daß heute viele Menschen die Erinnerung an den Juden Jesus als ablösbar erscheint vom Glauben an Jesus Christus (...) Darum bedeutet für sie der Satz, daß Jesus ein Jude ist, nichts anderes, als daß sie beleidigt, betrübt, geärgert, ja zum Widerspruch, Verdacht und Haß gereizt werden.« Und so kam es zu einer antiseptisch reinen Vivisektion, die den vorösterlich irdischen Jesus den Juden überläßt, um den Gesamtglauben der Kirche auf dem Auferstandenen aufzubauen, der der Schwerkraft unserer Erde völlig entwichen ist, so daß er auch kein Jude mehr zu sein braucht. Daß diese Irrlehre nicht nur allen vier Evangelisten widerspricht, die sich beträchtliche Mühe geben, die nahtlose Identität der beiden Gestalten, die den ersten Jüngern vor und nach Golgotha erschienen war, unter Beweis zu stellen, sondern die Tatsache Lüge straft, daß der Auferstandene nur Juden und Jüdinnen erschienen ist, schien die Schüler von Rudolf Bultmann wenig zu bekümmern. Denn Bultmann, der Vater der neuzeitlichen Entmythologisierung, ging einen Schritt weiter als Albert Schweitzer, indem er aus dem Unwissen um Jesus eine theologische Tugend zu machen versuchte, nur um mit apodiktischer Endgültigkeit festzustellen: »Wir können gar nichts über das Leben

und die Person Jesu wissen (...) Daher ist nicht der historische Jesus, sondern Jesus Christus, der Verkündigte, der Herr.«
Das Resultat war ein öffentlicher Rückzug der kritischen Theologie, die 150 Jahre Forschung als unlösbare Aufgabe abschrieb und mit fliegenden Fahnen ins gegnerische Lager überging. Sie sagte nein zu ihrer ganzen Geschichte, erklärte alle Jesusforschung zu einem unfruchtbaren Unternehmen und zog sich in die sturmfreie Festung der unantastbaren Kirchendogmatik zurück. Mit einem Wort: Jesus ist tot; es lebe Christus! Mit anderen Worten: Verzicht auf den einzig wahren Jesus zugunsten einer Unzahl von subjektiven, unvereinbaren, aber auch unüberprüfbaren Christusbildern, deren Weltferne die meisten Jesusworte und Jesuswerte heutzutage ernstlich in Frage stellen.
Dem jüdischen Neutestamentler scheint die auffallende Hast, mit der alle Suchexpeditionen nach dem historischen Jesus abgeblasen wurden, verdächtig zu sein. Nicht weil sie aussichtslos waren, wurden sie so hastig abgebrochen, sondern ganz im Gegenteil! Die Bibelwissenschaften der letzten 50 Jahre haben uns bedeutsame, neue Zugänge zum Rabbi von Nazareth ermöglicht, die ihn stückweise, aber glaubwürdig zur dreidimensionalen Lebendigkeit auferstehen lassen. Gerade das aber scheint gewisse Theologen zu verunsichern, denn was da als Gesamterscheinung zum Vorschein kommt, ist allzu jüdisch, viel zu hebräisch und rabbinisch angehaucht, um sich mit ihren abstrakten, hellenistischen Vorstellungen zu vertragen. Es bedurfte etlicher Machtworte, um daran zu erinnern, daß das Christentum eine geschichtliche Religion ist, die an die Offenbarung Gottes innerhalb dieser Welt und im Rahmen unserer Weltgeschichte glaubt, um die Absurdität zu entlarven, die den Jesus der Juden vom Christus der Christen fein säuberlich zu amputieren bestrebt ist. So sagte u. a. Karl Barth, den Papst Paul IV. als den bedeutendsten Theologen des 20. Jahrhunderts bezeichnete: »Die Meinung kann auch nicht die sein, daß wir an Jesus Christus glauben, der nun zufällig ein Israelit war, der aber ebenso gut auch einem anderen Volk hätte entstammen können. Hier muß man ganz streng denken (...) Jesus Christus war notwendig Jude. Gott wurde Mensch in jüdischem Fleisch. An dieser Tatsache ist nicht vorbei zu sehen, sondern sie gehört zu der konkreten Wirklichkeit Gottes und Seiner Offenbarung.«
Im Fahrwasser dieser und ähnlicher Erklärungen ausschlaggebender

christlicher Theologen kommt es heute schrittweise zu einem Kompromiß, demgemäß die gegenseitigen Verdächtigungen jüdischer und christlicher Neutestamentler hinfällig werden. Denn eines ist ja beiden klar: Am Ostersonntag scheiden nicht nur die meisten Juden und Christen voneinander, sondern hier liegt auch die Wasserscheide zwischen Glaube und Wissenschaft. Die beiden sollten aber nicht miteinander streiten, wie sie es so lange und so nutzlos getan haben, sondern einander ergänzen und voneinander lernen. Zugespitzt hieße das, daß die 33 Erdenjahre Jesu Juden und Christen gemeinsam beschäftigen könnten – wobei es noch vieles zu klären gilt; während der Christus, sowohl vor seiner Geburt als auch nach seiner Himmelfahrt, als Gegenstand des Glaubens, nicht aber der Wissenschaft anerkannt wird. Und über gelebten Glauben kann man weder debattieren noch raisonnieren, sondern nur als Intimbereich des Nächsten akzeptieren und respektieren. »Ich weiß es nicht!« So lautet die einzige ehrliche und biblisch angemessene Antwort, die Juden zur Christuslehre der Kirchen machen können. »Ich möchte gerne mehr wissen!« So hieße die einzig ehrliche wissenschaftliche Reaktion von Christen zu den jüdischen Bemühungen um den irdischen Jesus. Hiermit wird keine künstliche Gemeinsamkeit erschwindelt, noch jedweder falscher Einheitsbrei erstrebt, sondern nüchtern festgestellt, wo und wie weit gläubige Juden und Christen das Kernthema, das bis heute ihre hauptsächliche Trennung war, nützlich und gemeinsam erforschen können.

In diesem Sinne geht es weder um eine dünkelhafte Nivellierung noch um eine Einebnung Jesu oder gar um seine Einvernahme in das Judentum, wenn Leo Baeck, die letzte Leuchte des deutschen Rabbinats, anno 1938 in Berlin schreiben konnte: »In dem alten Evangelium, das sich derart auftut, steht mit edlen Zügen ein Mann vor uns, der während erregter, gespannter Tage im Lande der Juden lebt und half und wirkte, duldete und starb, ein Mann aus dem jüdischen Volke, auf jüdischen Wegen, im jüdischen Glauben und Hoffen, dessen Geist in der hl. Schrift wohnte, der in ihr dichtete und sann, und der das Wort Gottes kündete und lehrte, weil ihm Gott gegeben hatte, zu hören und zu predigen. Vor uns steht ein Mann, der in seinem Volke seine Jünger gewonnen hat, die den Messias, den Sohn Davids, den Verheissenen suchten, und ihn in ihm dann fanden und festhielten, die an ihn glaubten, bis daß er an sich zu glauben begann (...)

Die jüdische Geschichte, das jüdische Nachdenken darf an ihm nicht vorüberschreiten, noch an ihm vorbeisehen. Seit er gewesen, gibt es keine Zeiten, die ohne ihn gewesen sind, an die nicht die Epoche herankommt, die von ihm Ausgang nehmen will.«

Weder Leo Baeck noch Martin Buber jedoch, um nur die zwei bekanntesten jüdischen Jesusforscher unseres Jahrhunderts zu nennen, wollen durch ihre Betonung des Judeseins Jesu seine Einmaligkeit schmälern oder die Einzigartigkeit seiner Wirkungsgeschichte verschweigen. Beide behaupten jedoch im Sinne aller historischen Logik, daß der gepredigte Christus seinen Ursprung im Prediger Jesus hatte, oder – um mit Goethe zu denken – daß das Kind aus Galiläa zum Vater jenes Mannes am Kirchenkreuz geworden ist.

Wie gewinnt man nun Zugang zu jenem Mann aus Galiläa, der das Abendland zum Gott Israels geführt hat? Da Jesus selbst uns kein Buch hinterlassen hat noch, wie Mohammed, seine Lehre anderen diktierte, müssen wir uns wohl oder übel an die Evangelien halten, denn andere Dokumente gibt es so gut wie überhaupt nicht. Alles, was uns die zeitgenössische Literatur aus jüdischen, griechischen und römischen Quellen zu bieten hat, sind ein rundes Dutzend von Erwähnungen und Anspielungen, die entweder polemisch verzerrt, apologetisch gefärbt oder durch Ignoranz entstellt sind. Doch was sind die Evangelien? Sie sind vor allem Urkunden jüdischen Glaubens, die ursprünglich von gläubigen Juden für ihre Glaubensgenossen über Kinder Israels verfaßt wurden. Anders gesagt: Juden waren ihre ersten Autoren, Juden ihr erstes Zielpublikum und wiederum Juden ihr hauptsächlicher Gegenstand. Wer vor seinen jüdischen Augen noch hebräische Brillen trägt, der merkt auch bald, warum der kanonische Text oft so schlechtes Griechisch beinhaltet. Denn er versucht fast sklavisch, seiner hebräischen Vorlage treu zu bleiben, die zwar seit den Tagen des Kirchenvaters Hieronymus verschollen ist, die aber unverkennbar zwischen den Zeilen und hinter den Worten durchschimmert.

Um die griechischen Überkrustungen abzuschälen, bedarf es also eines geistigen Zurücksteigens in das Sprachdenken und die menschliche Umwelt des Galiläers, der durch dicke Schichten von Übertragungen und Überlagerungen uns allen seit über anderthalb Jahrtausenden entfremdet worden ist. Denn über 1500 Jahre lang begnügte man sich in der Christenheit mit der lateinischen Vulgata, die nichts anderes ist als die Übersetzung einer Übersetzung, um dann zu Reformationszeiten behutsam zum griechischen Evangelientext vorzustoßen. Erst heute wird langsam klar, daß man ohne Grundkenntnisse der Judaistik keine wahre Einsicht in den Geist noch in den Wortlaut der christlichen Frohbotschaft erlangen kann. Denn weder Jesus noch seine Urgemeinde dachten auf Griechisch oder gar auf Latein. Nicht weniger eindeutig ist die Binsenwahrheit, die Martin Buber lehrte: Jede Übersetzung übt Ersetzung; den Urlaut und den Ursinn gibt Sie nie.

Martin Luther hat dies schon vor 450 Jahren erahnt, als er in seinen Tischreden sagte: »Die ebräische Sprache ist die allerbeste und reichste in Worten, bettelt nicht, hat ihre eigene Farbe (...) Wenn ich jünger wär, so wollt ich diese Sprache lernen, denn ohne sie kann man Die Schrift nimmermehr recht verstehen. Denn das Neue Testament, obs wohl griechisch geschrieben ist, doch ist es voll von Ebraismis und ebräischer Art zu reden. Darum haben sie recht gesagt: Die Ebräer trinken aus der Bornquelle; die Griechen aber aus den Wässerlin die aus der Quelle fließen; die Lateinischen aber aus den Pfützen.« Endlich ist es also so weit. Man liest Faust nicht mehr in der spanischen Übersetzung eines gebürtigen Engländers, sondern in Goethes ureignem Deutsch. Anders gesagt: Jesus darf nun wieder in seiner Muttersprache das Wort ergreifen, um uns alle unmittelbar anzusprechen.

Was mich aber mit Jesus zutiefst verbindet, über alle Schranken und Entfremdungen der Jahrtausende hinweg, ist sein Israel-Sein, sein Jude-Sein par excellence; die Menschwerdung, die ich in ihm spüre – nicht Gottes –, wohl aber des gesamten Gottesvolkes, des ganzen weltweiten Judentums. »Der zentrale Jude« nennt ihn Martin Buber mit Recht, denn wie kaum ein anderer verkörpert er den Adel und das Elend unseres gewollten Judeseins. Von der armseligen Geburt in Bethlehem über die Flucht nach Ägypten, der Exodus seiner Rückkehr nach dem Tode Herodes, die vierzig Tage der Versuchung in der Wüste, der Aufstieg nach Jerusalem, die Wallfahrt zum Tempel – »dem Hause meines Vaters«, wie er und Salomo das Gotteshaus nennen; die moralische Utopie der Bergpredigt, sein bezwingendes Gefühl der Gottesnähe, das feurige Temperament seiner liebevollen Scheltreden, sein Himmelbestürmen in der Heiligen Stadt, der lei-

denschaftliche Bruderzwist bis hin zur Übergabe, dann: sein Prozeß vor den brutalen Heidenherrschern, das Kreuz-Tragen bis hin zum blutigen Golgotha – und der Auferstehung –, all dies klingt für jüdische Ohren wie die Personifizierung aller jüdischen Leidensgeschichte, für die das Martyrium nie das letzte Wort Gottes war.
Ist dieser leidende, am Heidenkreuz verblutende Rabbi nicht die Inkarnation seines ganzen Volkes, das, gepeinigt und verhöhnt, immer wieder am Kreuz des Judenhasses ermordet wird? Juden – die ersten Opfer jeder Ungerechtigkeit und Lieblosigkeit; die ewig Verfolgten, Gequälten und Geschundenen, die sich im Heiligen Rest dennoch immer wieder zu behaupten vermochten – allein kraft ihres Glaubens an ihren Himmlischen Vater – welch treueres, edleres Sinnbild gibt es für solch ein Hiobsvolk als die Gestalt des tragischen Nazareners? Eli, Eli, lama asawtani? So schrie er zu Golgotha. Wie oft wurde das nicht auch zu Zeiten des Kreuzzugsgemetzels, in den Folterkammern der Inquisition und in Auschwitz geweint, geseufzt und gebetet? Als Rebell der Hoffnung hat er im Geiste seiner Propheten aus dem Glauben nach oben den Mut nach vorne geschöpft, um uns allen die Güte eines höheren Menschseins vorzuleben, vorzulieben, vorzuleiden und letztlich auch vorzusterben.
Zutiefst gesehen: Was ist die eigentliche Frohbotschaft, die Jesu ganzer Lebensweg uns kündet? Vor allem – daß Ohnmacht keine Schwäche sein muß, sondern ein Gnadenerweis Gottes; und daß auch das jämmerlichste Scheitern auf Erden keineswegs einem Versagen gleichkommt noch einem Unglück, sondern ganz im Gegenteil eine Tür zum Ewigen Leben öffnen kann. Nichts anderes besagt der tausendjährige Leidensweg Israels: Gering unter den vielen, schwach unter den Machthabern und klein unter den Großmächten zu sein und dennoch unbeirrt zu bezeugen, daß Gottes Wille in der Demut ist und daß Er, der Weltenherr, bei den Bedrückten und Zerknirschten wohnt. Gedemütigt und verfolgt zu werden und dennoch die unzerstörbare Überzeugung zu hegen, daß dieser Weg der Niedrigkeit zum Himmelreich führe – das ist der Urquell der Glaubenskraft, die sowohl Jesus als auch das gläubige Israel beseelt.
Anno 1945 schrieb Jacques Maritain: »Israel ist der Jesus unter den Völkern, und seine blutdurchwirkte Via Dolorosa ist die Diaspora inmitten der Christenheit.« So verkörpert Jesus die Vollzahl von ganz

Israel, während Israel die Sohnschaft, die Erwählung, die Zeugenschaft und den Leidensweg Jesu auf nationaler Ebene nachvollzieht – eine Doppelverknüpfung, die trächtig ist, so scheint es, mit heilsgeschichtlicher Sinntiefe und Bedeutsamkeit. Christen glauben an das Kreuz, Juden tragen es seit Römerzeiten. Die Kirche hat die Seligpreisungen, aber die Demütigen, die Trauernden, die nach Gerechtigkeit dürsten, und die verfolgt, geschmäht und verleumdet werden, waren immer wieder Söhne und Töchter Israels. Christen leben in seiner geistigen Nachfolge. Juden hingegen teilen ganz konkret sein Schmerzenslos und seine Passion.
Ich weiß nicht, wer ihm näher steht.

Elisabeth Moltmann-Wendel

Die Menschwerdung ernst nehmen

Jesus, gesehen aus der Perspektive von Frauen

Sehet welch ein Mensch! Wenn ich diesen Satz höre und den biblischen Hintergrund und unsere schwerblütige theologische Tradition vergesse, wird mir leicht und fröhlich ums Herz. Sehet welch ein Mensch – ein Mensch wie wir, der lacht und weint, enttäuscht wird und sich begeistern kann, der leidenschaftlich ist und sich zurückzieht, – ein Mensch, weder Mann noch Frau, weder König noch Bettler, weder ausländisch noch einheimisch – einfach ein Mensch.
Welch ungeheure Aufforderung liegt in diesem Satz, zu vertrauen, einander mitzuteilen, Gemeinsames zu entdecken, Fremdes aufzunehmen, sich einzulassen, zu streiten, sich hinzugeben und sich zurückzuziehen. Wir sind alle sehnsüchtig und neugierig nach »Menschlichem«, das sich hinter eingeübten Geschlechterrollen, hinter unterschiedlichen Hautfarben und hinter Amtsgehabe versteckt. Durch unsere tragische Geschichte, in der, um eine neue Menschheit

hervorzubringen, Unmenschliches geschah, und durch Revolutionen, in denen um *des* neuen Menschen willen unzählige Menschenopfer gebracht wurden, sind wir vorerst kuriert von Heldensuche, Supermenschen und Idealmenschen. Small ist beautiful, und wir haben wieder gelernt, unsere Menschlichkeit zu feiern.

Doch passen solche Gedanken überhaupt zu dem Satz: Sehet, welch ein Mensch! Der, von dem es gesagt ist, steht vor Gericht, ist gerade gefoltert worden, trägt eine Krone aus Dornen, die ihn lächerlich machen soll und die schmerzt, und er soll zum Tode verurteilt werden. Von Mitmenschen keine Spur: die Jünger sind geflohen. Die Männergruppe hat nicht gehalten. Die Menge, die ihn staunend und bewundernd so lange umgab, hat ihre Meinung gewechselt und will mit dem lächerlich Gemachten und Erfolglosen nichts mehr zu tun haben. Nur ein Opportunist: Pilatus scheint noch Zweifel anzumelden, ob die Anklagen stimmen oder ob es sich hier nicht um einen ganz normalen Menschen handelt. Und er kommt der Wahrheit damit ein Stück näher. Doch ist die Christenheit dem Pilatus gefolgt?

Was haben wir aus dem Menschen Jesus gemacht? Er ist für uns der Gottessohn, und wir haben uns angewöhnt, sein Menschsein eine Stufe höher als unser eigenes Menschsein anzusetzen. Er ist ja schließlich als Gottessohn ohne das, was wir gewöhnlich »Sünde« nennen. Er ist nicht »verderbt«, wie es in alten Kirchenliedern von Adams Geschlecht, von uns heißt. Er ist aus dem fatalen Zirkel, schuldig zu werden, herausgenommen. Und wir haben uns ferner daran gewöhnt, ihn auf der schwarzen Folie von Kreuz und Tod zu sehen. Wir haben einen doppelten Graben um ihn gezogen: den Graben um einen ungewöhnlichen Menschen und den um ein ungewöhnliches Werk: sein Leiden und Sterben. Die Gräben sind zementiert, und sie demonstrieren uns stets unsere Grenzen:

Wir nur Menschen – er der Gottessohn.
Wir schwach und sündig – er heilig und ohne Sünde.
Wir schuldig an seinem Tod – er Opfer für unsere Sünde.

Die Gräben sind zementiert durch eine lange theologische Tradition, in der der allmächtige und erhabene Gott distanziert wurde von dem nichtigen, ohnmächtigen Menschen. Wie Obrigkeit und Untertanen haben der Erhabene und die Nichtigen nichts miteinander zu tun. Gesellschaftliche Hierarchie und abendländisches Ordnungsdenken

haben unsere Gottesbilder verfestigt und haben selbst vor der Menschlichkeit Gottes in Jesus nicht halt gemacht. Wir haben als Christen und Christinnen in Gegensätzen zu leben und zu denken gelernt:
Gott oder Mensch
heilig oder profan
Schöpfer oder Geschöpf.
Und wir sehen nicht, daß diese Dualismen uns verletzen, spalten und zerstören, weil sie uns und die Erde von Gott, dem Grund unseres Daseins fernhalten.
Als ich vor einigen Jahren begann, die Jesusgeschichten des Neuen Testaments, vor allem die Frauengeschichten wieder zu lesen, schmolzen diese Dualismen, in denen ich groß geworden war, dahin. Der Graben schloß sich – es gab ihn nicht mehr. Je tiefer ich in die Evangeliengeschichten, besonders die frühe von Markus einstieg, um so stärker erlebte ich einen Menschen Jesus, um den noch keine Gräben gezogen waren. Einen sensiblen Jesus, der seufzt und stöhnt, der Kinder zärtlich an sich drückt, der ein Kissen braucht, um im Boot zu schlafen, der ängstlich, zögernd, abweisend sein kann, der in beleidigender Weise eine Frau zurechtweist, die etwas von ihm fordert, was seinem Selbstverständnis nicht entspricht. Ein Mensch, der einsam ist, darunter leidet und warm wird unter anderen Menschen. Der seine Familie verliert, in der er die erste Wärme und Sozialisation erfahren hat, in den die Mutter womöglich politische Hoffnungen gesetzt hat. Der andere Gruppen sucht: die Kameradschaft der Männer, unter denen dann aber doch noch alte Herrschaftsträume aufbrechen. Die passen nicht in seine Vorstellungen von nicht-hierarchischen Lebensformen, die die Gesellschaft und die einzelnen verändern, und die er das Reich Gottes nennt.
Das, was er sucht, findet er dann in der Gemeinschaft und im Lebensstil der Frauen. Sie leben und denken nicht in Gegensätzen von oben und unten, von Herr und Knecht. Sie sind, ob arm oder reich, ob gesund oder krank, eine Randgruppe der Gesellschaft und begreifen, worum es ihm geht: um eine neue Lebensform, die alle Sinne, alles Denken und alle Herrschaft verändert. Oft sind sie ihm in ihren Erfahrungen voraus. Zuweilen müssen sie ihn stoßen und drängen, damit die heilende Kraft, die sie alle von ihm erfahren haben, sich nicht

einkapselt. Denn manchmal ist ihm das eigene Volk näher als die fremden Stämme ringsherum. Dann wieder ist er ängstlich und unentschlossen, ob er diesen schwierigen Weg weitergehen kann. Aber unter ihnen entsteht ein gegenseitiges Zutrauen und Vertrauen, ohne das dieser Mensch Jesus nicht zu denken ist. Und in der Katastrophe, in seiner Verurteilung und seinem Tod, bewahren sie als einzige Haltung, Hoffnung und Rückgrat. Nachdem Familie und Männergruppe längst versagt haben, bleiben sie in der Nähe der Hinrichtungsstätte, kümmern sie sich um den Leichnam und Totenzeremonien, bekennen sie sich damit offen zu dem Staatsfeind. Wer hat schon darüber nachgedacht, was das für ihn bedeutet haben mag?
Der Gottessohn, der doch scheinbar mit allen Kräften Gottes ausstaffiert sein sollte, braucht Menschen! Wir sind auffallend gefühllos für diesen Jesus geworden: das kleine Kind in der kalten Krippe erregt noch unsere Sinne, unsere Phantasie, unsere mütterlichen oder väterlichen Gefühle. Aber der erwachsene Jesus wird schon unnahbar. Er ist der Andere, Fremde, der Besondere, der Mann, der einzige integrierte Mensch (Hanna Wolff), dem wir uns nicht nähern können. Aber wie kann Gott unser »Freund und -Helfer« sein (wie Paul Gerhardt es dichtet), wenn wir sein Kind nicht mal als unseren menschlichen Freund erleben?
Und dieser fatale Trend wird stärker in den späteren Evangelien. Ich stoße auf Versuche in der Bibel, die Menschlichkeit Jesu zu retouchieren: er darf nun bei Matthäus nicht mehr enttäuscht seufzen, braucht zum Schlaf kein Kissen mehr. Die Kinder sind nicht mehr zärtliche Freunde, die er ans Herz drückt, sondern Lehrbeispiele. Seine Familie hält ihn auch nicht mehr für einen »Spinner«, sondern lamentiert verhaltener. Die Frauengruppe und die einzelnen Frauen mit ihrer Aktivität und Dynamik verschwinden im Hintergrund. Sein Bedürfnis nach Gemeinschaft, Freundschaft, menschlicher Beziehung ist nicht mehr so elementar, die Konflikte gebremst. Der Mensch tritt zurück und der Gottessohn tritt hervor. Erzählt Markus noch von seiner verzweifelten Gottverlassenheit, so ist er bei Lukas schon der starke Beter. Jesus ist auf dem Weg zum großen, einsamen Heiligen.
In unserer christlichen Überlieferung zeigt sich schon früh ein fataler Trend, die Menschlichkeit Jesu herabzuspielen, den Gottessohn hervorzukehren und Menschen in ihrer Suche nach Ganzheit und Identi-

tätsmustern im Stich zu lassen. Wir haben Jesus unmenschlich gemacht. Wir haben ihn isoliert und auf ein Podest gestellt und unsere wohlproportionierte, kühle Menschlichkeit nicht mehr an ihm erwärmen lassen. Er ist mit traditionsreichem Namen belegt: Messias, Herr, Gottessohn, Menschensohn – später kamen gesellschaftliche Ideale wie Hauptmann (Zwingli), König und Superstar dazu, aber seine Menschlichkeit ist darunter verkümmert. Wenn wir die Inkarnation ernst nehmen, müssen wir diesen Menschen Jesus wieder entdekken.

Ich entdeckte Spuren von diesem Menschen, als ich selbst begonnen hatte, bewußt und mit allen Sinnen zu leben und *meine* Perspektiven, was Leben ist, einzubringen. Es waren die Perspektiven einer Frau, die in einer langen christlich-patriarchalischen Kultur verlernt hatte, sich selbst wichtig zu nehmen, und die nun fragte, wo denn Frauen und die Lebensqualität von Frauen in der Bibel zu finden sei.

Angelerntes und Dogmen verblaßten dabei. Ich merkte, wieviel menschliches Urgestein in den Evangelien verborgen ist, was keine männliche Beachtung gefunden hatte, und wie wenig Frauen ihre Blickweise und ihre Lebenszusammenhänge bisher dafür enthalten konnten. Psychotherapeutinnen wie Jean Baker-Miller, Carol Gilligan und Anne Wilson Schaef haben uns inzwischen auf die andere Sichtweise, »die andere Stimme«, die andere Erfahrensweise von Frauen aufmerksam gemacht. Nach Jean Baker-Miller leben Frauen in einem Kontext der Bindung und Anlehnung an andere, bauen darauf auf und entfalten sich. Carol Gillian hat bei Frauen eine »nichthierarchische Sichtweise menschlicher Bindungen« beobachtet, ein eigenes Wertsystem, das kaum gesellschaftliche Anerkennung gefunden hat und das zukunftsweisender und lebensorientierter ist als manche überkommenen Werte. Wir leben alle aus Beziehungen und werden Menschen durch Beziehungen. Doch die Hälfte der Menschheit – die Mannheit – scheint das nicht wahr und wichtig zu nehmen. In der Darstellung des Menschen Jesu und in der Interpretation des Mannes Jesu ist diese fundamentale Tatsache kaum beachtet worden. Und die Theologie, die vornehmlich in männlicher Hand ist und aus männlichen Erfahrungen sich speist, hat damit versäumt, über die Grundlagen von Leben nachzudenken. Aber gerade hierin scheint mir der Schlüssel für die Menschheit Jesu zu liegen.

Anne Wilson Schaef hat in ihrer Untersuchung »Weibliche Wirklichkeit« festgestellt, daß für Männer Person und Werk Fixpunkte ihres Interesses sind, während für Frauen die Beziehungen zu sich selbst, zu andern, zum Universum zentral sind. Danach wären unsere Christologien mit ihren Betonungen und Beschränkungen auf Person und Werk Christi ein Opfer eindimensionaler männlicher Interpretationen und Paulus mit seinem Desinteresse an dem Christus »nach dem Fleisch« hätte dazu den unseligen Anfang gemacht. Und es wäre höchste Zeit, daß Frauen sich zu Worte meldeten und den ganzen Jesus wieder einbrächten.

Für viele Frauen ist er aber bereits zu einem hoffnungslos männlichen Symbol geworden, das ihnen keine Identität mehr geben kann. Im Gegenteil: seine Männlichkeit sehen sie benutzt, um sie vom Kirchenregiment, von Lehr- oder gar Predigtämtern auszuschließen. Nur eine weibliche Offenbarung oder eine Wiederkehr Gottes in den Frauen könnte für sie die patriarchalen Verhältnisse umkehren. Doch wenn wir uns statt an der in den Vordergrund gespielten Männlichkeit Jesu an seiner in den frühen Geschichten erzählten Menschlichkeit, Lebensnähe und Sinnenhaftigkeit orientieren, kann der Mann Jesus wieder zum Menschen Jesus werden. Dann sehen wir ihn nicht mehr nur als den einsamen Helden, Heiland, Befreiungskämpfer, sondern sehen ihn in dem Geflecht von Beziehungen, aus denen Leben hervorgeht und die er mit solcher Menschwerdung geheiligt hat. So ist er wahrer Mensch, und so reizt er uns zu einem Lebensstil von Gegenseitigkeit.

Der zweite Graben, der um sein Werk, sein Leiden und Sterben gezogen ist, ist schwerer zu überwinden. Sein Werk, sein Tod, oft als Sühnopfer gedeutet, ist scheinbar Zentrum des christlichen Glaubens, doch für viele Menschen sind diese Deutungen nicht mehr zu begreifen.

»Wie soll ich einen Gott lieben, der es nötig hat, seinen Sohn zu töten?«

»Wie soll ich mit dem patriarchalisch-jüdischen Denkkonstrukt eines Opfers für mich etwas anfangen?«

»Wie soll ich meinen Kindern das ›Für euch gestorben‹ erklären?« fragt eine Mutter.

Sein Tod hat unsere westliche Christenheit so intensiv geprägt, daß das Kreuz, an dem er starb, zum Inbegriff westlichen Christentums wurde. Die verschiedenen kulturellen Deutungen, die es erfuhr, Sühnetod, Satisfaktion, versuchten mit einem Gott fertigzuwerden, der diesen Tod zuließ oder es sogar nötig hatte: ein Gott, fern, unnahbar und erschreckend, ein Spiegelbild der eigenen unverarbeiteten Schuldgefühle. Wir können heute darin männliche Sozialisationserfahrung, Trennung von den Eltern und nicht zur Ruhe kommende Schuldgefühle erkennen. Wir können auch die Jünger mit ihrer Flucht, den nachfolgenden Schuldgefühlen wiederfinden, und wir sehen heute mit Schrecken, wie dieser »Opfertod« benutzt wurde, in einer christlichen Gesellschaft Kriegshelden zu motivieren und Opferlämmer zu produzieren.

Aus der nie beachteten Perspektive der Frauen sieht sein »Werk« anders aus: Die Frauen sind mit »am Werk«, als er von allen verlassen wird. Sie sind nicht die objektiven Betrachter(innen), die den brutalen Tod in Griff nehmen – begreifen wollen. Das Wort *theorein*, das hier für ihr Zuschauen verwendet wird, bezeichnet ein *teilnehmendes Wissen*. Sie sind ihm nah, auch wenn die polizeiliche Absperrung sie trennt. Sie sorgen für ihn, seinen Leichnam, als es eigentlich nichts mehr zu sorgen gibt. Wenn wir die verlorengegangene Kategorie der »Beziehung« wieder einbringen, treten die dogmatischen Aussagen und traditionellen Interpretationsmuster in den Hintergrund. Das Leiden und Sterben Jesu ist dann nicht ein isoliert zu betrachtender Akt. Es ist begleitet von Sympathie und Solidarität der Frauen. Sie nehmen – nach Markus – sein Sterben anders wahr: sie nehmen es in sich auf. Es spiegelt Erfahrungen, die sie selbst als verachtete Minderheit gemacht haben. Nicht zufällig benutzt Markus das Wort »leiden« (gr. *paschein*) nur für Jesus und die blutflüssige Frau. Nur die Frauen und Jesus dienen (gr. *diakonein*), und sie stoßen damit die hierarchische Ordnung der Besitzenden um. Wie Jesus in Gethsemane, so erschrecken die Frauen bis ins Mark beim Anblick des leeren Grabes, beim Verlust aller Beziehung und Hoffnung, des letzten Halts. In der Passionsgeschichte wird ein Stück Frauengeschichte sichtbar, und in der Frauengeschichte wird ein Stück Passionsgeschichte vorweggenommen.

Von hier aus fällt dann ein anderes Licht auf den Tod Jesu. Er ist nicht nur das einmal geschehene Werk. Er ist da, wo Menschen andere in ausweglosen Situationen begleiten – ohnmächtig, oft stumm, ausdauernd –: den hoffnungslos Kranken, den depressiven Nachbarn, das behinderte Kind, den sterbenden alten Menschen. Er ist da, wo Menschen ihre Lebenskraft verlieren, stetig und unablässig wie die blutende Frau, und wo jemand anders sich berühren läßt oder mitgeht oder die Hand hält. Wo Menschen ihre Lebenskraft geben in Protesten gegen Ungerechtigkeit, und andere dies weitertragen, teilnehmend, solidarisch, mitfühlend.

Das alte »für uns« ist dann ein *vor* uns – zeitlich und räumlich. In seinem Windschatten: – er vor uns! – wächst auch uns daraus die physische Kraft, die Schöpferkraft Gottes, der Jesus auferweckt hat. Wir könnten ihm uns nähern, nicht als traditionelle Sünder(innen), sondern mit unserer ganzen Existenz, als Schwestern und als Brüder, mit unsern persönlichen Hoffnungen und unsern gesellschaftlichen Erwartungen, mit unseren Sinnen und mit unserer Geschichte.

Sehet welch ein Mensch!

Mit dem menschlichen Jesus ging auch die Bedeutung der Frauen in den Evangelien zurück. Wir müssen diesen vergessenen Jesus zurückholen – mit unserer Phantasie und unserm Anspruch auf Ganzheit, indem wir Frauen Stimme und Recht in der Theologie zurückgeben. Wenn ich Jesus aus den Männlichkeitsbildern befreie, wird er für unsere Gegenwart wieder lebendig: Frauen können erfahren, daß ihr Lebensstil von Gegenseitigkeit, *sein* Lebensstil und die Grundlage seines Heilswerks ist, und Männer können ihre Alleingänge, ihren Heroismus und ihre Werkbesessenheit in Frage stellen. Jesus ist dann kein Heros, an dem und dessen unbegreifbaren Tod wir scheitern und nichts wie unsere Gebrochenheit erkennen, sondern ein Mensch, der uns braucht und an dessen Leben, Werk und Auferstehung wir teilhaben in Solidarität und Mitleiden, in Ausdauer und Aktion. Indem dieser Mensch Jesus das einzig gültige Gottesbild ist, das wir kennen, lösen sich alle anderen Gottesträume und Gottesängste auf, unsere Spaltungen heilen, und wir sind hineingenommen in Gottes Schöpfung und Neuschöpfung.

Klaus Eulenberger

Das Wort vom Kreuz und die »vorletzten Dinge«

Der politische Christus

Kann man mit der Bergpredigt regieren, oder kann man es nicht? Franz Alt sagt: Ja, man kann. Man muß sogar: Denn unser Überleben hängt davon ab, ob wir die Grundsätze Jesu zu Richtlinien der praktischen Politik machen. – Andere sagen: Nein, man kann nicht. Das Neue Testament ist kein Rezeptbuch, es zeigt allenfalls (»intentional«) die Richtung an, in die eine »am christlichen Menschenbild orientierte« Politik sich entwerfen muß. Ich habe Zweifel daran, daß es sich hier um etwas anderes als um eine unfruchtbare Alternative handelt. Ich möchte die Frage so stellen: Wie politisch kann (oder: muß) der Glaube sein? Wenn wir sagen, daß Jesus Christus unser Herr sei, der Herr des Lebens und der Welt: Ist das eine Bemerkung bloß über den »geglaubten Glauben« (J. B. Metz), oder meldet sich in ihr der Anspruch auf die Gestaltung und Veränderung des Lebens und der Welt durch den Glauben?

In der Szene des Johannesevangeliums, aus der die Kirchentags-Losung stammt, besteht der römische Prokurator Pontius Pilatus »den Juden« gegenüber darauf, daß »dieser Mensch« ihr König sei: Pilatus setzt sich (oder, nach einer anderen Überlieferung, Jesus) auf den Richterstuhl, zeigt auf ihn und sagt: »Seht, das ist euer König!« (Joh 19,14). Man kann darüber streiten, ob der Prokurator diesen Satz – wie auch den anderen: »Seht, welch ein Mensch!« – spöttisch oder ernst meint, ob er beeindruckt ist von »diesem Menschen« oder ob er ihn verachtet, ob er in taktischer Absicht oder als Betroffener redet. Sicher ist hingegen, daß für den Berichterstatter Johannes feststeht, daß Jesus tatsächlich der »König der Juden« ist. Paradoxerweise ist aber der »Heide« Pilatus der einzige, der dies erkennt und ausspricht, während die, die es doch wissen müßten, »die Juden«, starr und blind sich selbst ihr Urteil sprechen, indem sie dem Prokurator antworten: »Wir haben keinen König als den Kaiser.«

Ist diese Szene symptomatisch für die Christen, die zwar (anders als »die Juden« des Johannesberichtes) unablässig bereit sind, Jesus Christus in Bekenntnissätzen als ihren Herrn zu proklamieren, sich aber tatsächlich und im politischen Sinn seit anderhalb Jahrtausenden anderen Herren unterwerfen? – Es gibt im Protestantismus – und nur über ihn kann ich als Betroffener einiges sagen – eine ausgeprägte, sehr dominante Neigung, sich den gegebenen politischen Verhältnissen, auch wenn sie wechseln, geschmeidig anzupassen und dabei festzustellen, die Herrschaft Christi sei nicht abhängig davon, wer nun gerade die Herrschenden seien und welche Politik sie betrieben. »Gott Vater« und »Gott Sohn« sind hier völlig austauschbar, sie kommen als Repräsentanten absoluter Herrschaft in den Blick:

»Und ob gleich alle Teufel hier wollten widerstehn;
so wird doch ohne Zweifel Gott nicht zurücke gehn;
was er sich vorgenommen und was er haben will,
das muß doch endlich kommen zu seinem Zweck und Ziel.«

So Paul Gerhardt 1653. Oder, mehr als 300 Jahre später, in einem »Lehrbuch für evangelische Unterweisung«: Der Krieg wird »letztlich nicht in den Generalstäben der Armeen entschieden, sondern in der Hand Gottes« (so zit. bei Dorothee Sölle, Politische Theologie, 1971). Diese fatalistische Unempfindlichkeit, ja Gleichgültigkeit gegenüber den Absichten derer, die Politik machen, unterdrückt den Gedanken an Widerstand, produziert unpolitisch denkende und empfindende Menschen und entwichtigt den Bereich politischen Handelns überhaupt (das freilich so eine ganz erhebliche Macht über die einzelnen Menschen erhält!). Wichtig ist nicht das, was politisch durchgesetzt wird (heute dies, morgen das), wichtig ist allein, was Gott mit der Welt im Sinn hat und was er in jedem Fall ausführen wird – selbst, so die aktuelle Variante, »durch eine atomare Katastrophe hindurch«: ein Ausdruck entschlossenen theologischen Zynismus, dem die Konsequenz des Gedankens wichtiger ist als das Schicksal der lebendigen Geschöpfe Gottes.

Dietrich Bonhoeffers Unterscheidung zwischen dem »Letzten« und dem »Vorletzten«, entworfen zwischen November 1940 und Februar 1941 für die »Ethik«, ist der bis heute wahrscheinlich wirksamste Widerspruch gegen die protestantische Gleichgültigkeit gegenüber der Politik, die doch über die Bedingungen des Menschseins entscheidet.

»Mag sein, daß der jüngste Tag morgen anbricht, dann wollen wir die Arbeit für eine bessere Zukunft gern aus der Hand legen; vorher aber nicht«, hat Bonhoeffer zu Weihnachten 1942 für sich und andere geschrieben, die sich mit ihm zusammen gegen die Gewaltherrschaft Hitlers verschworen hatten. Dieser Satz bringt die Unterscheidung zwischen »letzten und vorletzten Dingen« auf eine griffige, einprägsame Formulierung. Es gibt einen Bereich, der ganz und gar dem Handeln Gottes vorbehalten ist: den »jüngsten Tag«, die »letzten Dinge« oder, wie Bonhoeffer im Blick auf Paulus und Martin Luther sagt, »die Rechtfertigung des Sünders aus Gnaden allein«. Diese Tat Gottes ist das Ende aller menschlichen Wege und nicht etwa ihre Vollendung. Davon zu reden, so Bonhoeffer, ist »die« Aufgabe der Kirche; wenn sie das tut, so kommt sie zu ihrer eigenen Sache. Aber es kann ja, da der »jüngste Tag« noch nicht angebrochen ist, von den »letzten Dingen« nur unter den Bedingungen des »Vorletzten« geredet werden. Zwar haben die »vorletzten Dinge« durchaus *nicht* »irgendeinen eigenen Wert«, sondern bekommen ihre Bedeutung nur von den »letzten Dingen« her und durch sie. Aber weil und solange wir noch nicht am Ende aller menschlichen Wege angekommen sind, ist es unmöglich, nur von den »letzten Dingen« zu reden und von allem anderen zu schweigen, als wäre es für die Christen unerheblich. In Bonhoeffers »Ethik« finden sich sehr klare Hinweise auf den Zusammenhang zwischen dem, was allein Gott tut, und dem, was die Menschen tun oder lassen: »Es gibt eine Tiefe der menschlichen Unfreiheit, der menschlichen Armut, der menschlichen Unwissenheit, die das gnädige Kommen Christi hindert. Es gibt ein Maß an Macht, an Reichtum, an Wissen, das für Christus und seine Gnade ein Hindernis ist. Der Hungrige braucht Brot, der Obdachlose Wohnung, der Entrechtete Rechte, der Vereinsamte Gemeinschaft, der Zuchtlose Ordnung, der Sklave Freiheit (...) Dem Hungernden Brot verschaffen ist Wegbereitung für das Kommen der Gnade«. Man kann nicht von der Gnade Gottes sprechen und von den Lebensbedingungen der Menschen schweigen. Die »Arbeit für eine bessere Zukunft« führt zwar »das gnädige Kommen Christi« nicht herbei, aber sie ist dessen »Wegbereitung«, und sie ist notwendig, solange das Ende aller Zeit noch nicht erreicht ist. Eine »unpolitische« Verkündigung der Liebe Christi kann sich nicht auf den biblischen Christus berufen.

Sie aber ist das Wunsch-Ziel vieler, die sich die Kirche gern als einen Bereich denken, in dem ausschließlich von den »letzten Dingen« die Rede sein soll. »Es ist nicht Ihre Aufgabe«, schreibt mir ein noch junger Jurist, »sich im Gemeindebrief oder in Ihrer Predigt über die Verhältnisse in Südafrika oder in Nicaragua zu äußern, die Sie schwerlich durchschauen können, zumal Sie selbst sich noch in keinem dieser beiden Länder aufgehalten haben. Irgendwelche politischen Urteile stehen Ihnen als Pastor nicht zu. Wenn Sie zu politischen Sachverhalten Stellung nehmen wollen, dann sollten Sie Ihren Talar an den Nagel hängen; mein Respekt wäre Ihnen in diesem Fall sicher.« Ich antworte ihm: Er möge sich doch beteiligen an den Gesprächen, die wir in der Gemeinde über die Situation der Menschen in Südafrika und Nicaragua führten, möge seine eigene Sicht der Dinge in unsere Versuche, uns kundig zu machen, eintragen und so das Bild erweitern. Monate später erfahre ich, daß der Jurist (der mir auf meinen Brief nie geantwortet hat) sich mit einem Schreiben an »meinen« Bischof gewandt und ihn aufgefordert hat, dafür zu sorgen, daß ich mich in meinen öffentlichen Äußerungen jeder politischen Stellungnahme enthalte; andernfalls werde er aus der Kirche austreten. (Der Bischof war klug und mir gegenüber rücksichtsvoll genug, dieses Ansinnen nicht an mich weiterzugeben.) – Mir ist in den vergangenen Jahren immer klarer geworden (und zwar auch *gegen* meine eigene Praxis, die sich lieber und sicherer im Bereich persönlicher Seelsorge bewegt und nur widerstrebend ausdrücklich »politisch« wird), daß es ganz unmöglich ist, den Bereich von Kirche und Theologie »rein« zu halten von Auseinandersetzungen, in denen auch um Politik gestritten wird. Wenn man sich mit den Geschichten des armen Mannes aus Nazareth beschäftigt und sich nicht nur an die Ikonen des Erhöhten hält, dann stößt man irgendwann unweigerlich auf das »Ärgernis«, vor dem Jesus den Täufer warnt (Mt 11,6).

Es ist unmöglich, den Armen das Evangelium zu predigen, ohne zu fragen, warum sie arm sind, wer und was sie in ihrer Armut festhält und wer und was ihre Befreiung verhindert. Lateinamerikanische Bischöfe wie Helder Camara und Oscar Romero haben von einer »Bekehrung« berichtet, die sie eines Tages – schon im fortgeschrittenen Alter – die Wirklichkeit anders habe sehen lassen als zuvor, nämlich aus der Perspektive der Armen und nicht der Reichen (auf deren Seite

sie traditionell eher gehörten). In dieser Perspektive erscheint Armut nicht als etwas individuell Verschuldetes und nicht als schicksalhaft, sondern als ein Zustand, der gemacht und forciert wird von denen, die Arme brauchen, um selbst immer reicher zu werden. Wer es so sieht, kommt nicht daran vorbei, Klassengegensätze zu diagnostizieren und jene häßliche, verpönte Sprache zu benutzen, die in der marxistischen Analyse der Klassengesellschaft entwickelt worden ist, um Interessengegensätze, Privilegien und Machtverhältnisse zu beschreiben. Es ist klar, daß die »Theologie der Befreiung« (die nicht etwa die Lektüre der Bibel durch die des »Kapitals« ablöst, sondern die Bibel nur mit durch marxistische Analysen geschärften, genauer hinsehenden Augen liest!) nicht im Interesse derer ist, die wollen, daß die Verhältnisse bleiben, wie sie sind, weil sie davon profitieren. Der Haß der in Lateinamerika Herrschenden auf die Befreiungstheologie (der sich in der Ermordung des Bischofs Romero von San Salvador 1980 drastisch ausdrückt) erklärt sich schlüssig nur daraus, daß sie wissen: Diese Theologie geht an den Nerv der Verhältnisse, sie will die Privilegierten leer ausgehen lassen und die Armen sättigen!
Ich arbeite nicht als katholischer Priester in brasilianischen Elends-Gemeinden und nicht unter den Bedingungen der chilenischen Gewaltherrschaft. Meine Vorstellungskraft sagt mir, daß die Verhältnisse dort nach einem sehr viel höheren Grad an Eindeutigkeit theologisch-politischer Aussagen verlangen, als sie hier von mir gefordert wird, und daß es ungleich lebensgefährlicher ist, wie der Arbeiterpriester José Leal in Santiago nach »Verschwundenen« zu forschen (Isabel Allende, Von Liebe und Schatten), als in einer westdeutschen Großstadtgemeinde mit Konfirmanden darüber zu diskutieren, wie ernst man das kategorische Urteil Jesu über die Reichen (Matthäus 19,24) nehmen müsse. Aber ich verstehe jeden, der selbst die hier anstehenden Auseinandersetzungen scheut und ihnen aus dem Weg gehen möchte. Denn Angst macht ja nicht erst die Gefährdung des physischen Lebens durch skrupellose, hinterhältige Gewalt; es ist auch schon beängstigend, verbreitete Überzeugungen in Frage zu stellen und der herrschenden Meinung zu widersprechen. Christa Wolfs »Kassandra« erlebt diese Angst, nachdem sie sich entschlossen hat, der auf Krieg versessenen Propaganda am Hof ihres Vaters Priamos nicht mehr zu folgen und »unter dem wechselnden Laub des mächtigen

Feigenbaumes« zusammen mit anderen Frauen und dem wissenden Anchises ein »ungezwungenes« Leben anzufangen, schutzlos, aber in Übereinstimmung mit der Wahrheit. Indessen kann man nicht einfach von einem Lager in ein anderes überwechseln, und Kassandra erlebt eine Bewußtseinsspaltung am eigenen Leib: »Schweren Herzens kam der Teil von mir, der königstreu, gehorsam, übereinstimmungsbesessen war, jeden Abend in die Burg zurück.«

Leichter ist es, von vornherein in der Burg zu bleiben. Aber wer sich dafür entscheidet, Hofprediger zu sein, unterstützt die höfische Politik, auch wenn er scheinbar nur von den »letzten Dingen« spricht. Vielmehr: Er *kann* dort nur von »letzten Dingen« reden; alles andere würde man ihm als Einmischung in Angelegenheiten, die ihn nichts angehen, vorwerfen. In der königlichen Burg ist man den Herrschenden gegenüber, nicht aber den Opfern ihrer Politik »übereinstimmungsbesessen«. Für die Opfer einzutreten, das verlangt, die Burg zu verlassen, und zwar nicht bloß tagsüber. Und das macht Angst.

Aber was heißt »für die Opfer eintreten«? Es heißt für mich: ihnen mehr glauben als denen, die über sie herrschen; unterstellen, daß die Wahrheit auf ihrer Seite ist und nicht bei denen, die Opfer brauchen, um ihre Macht zu erhalten. Die im Untertitel dieses Aufsatzes angesprochene Verbindung zwischen dem Namen Christus und dem Adjektiv »politisch« legt für mein Verständnis nicht permanente Aktionen des Widerstandes im Namen Christi nahe, nicht politische Agitation als christliche Lebensform. Ich verspüre wenig Neigung, meine Kräfte in der Organisation des Protestes gegen alles zu verschleißen, was sich mir als politische Fehlentwicklung darstellt. Man kann sein eigenes Scheitern auch vorprogrammieren. Vielleicht ist es wahr, daß wir die großen Katastrophen wirklich nicht mehr verhindern können, weil uns die von unsereinem in die Welt gesetzten Kräfte der Zerstörung tatsächlich schon über den Kopf gewachsen sind. Bonhoeffers fast behäbiges Bild aus dem Jahre 1933, demzufolge man, wenn jemand einen Wagen mitten in eine Menschenmenge am Kurfürstendamm lenke, »nicht nur die Opfer unter dem Rad zu verbinden, sondern dem Rad selbst in die Speichen zu fallen« habe, ist längst ein Anachronismus. Aber ich glaube, daß wir aufhören können, grundsätzlich denen Glauben zu schenken, die »mit dem Tod uns regieren« (Kurt Marti). Wir müssen uns nicht zum besetzten Gebiet machen lassen, indem wir uns dauernd auf die offiziellen Darstellungen des angeblich Unvermeidbaren und des unbedingt Notwendigen einlassen. Wir sind zur Wahrheit fähig und nicht dazu bestimmt, den Lügen, die uns angeboten werden – und denen, die wir selbst produzieren – zu glauben. Das Wort »Sachzwänge«, so hat Gustav Heinemann bemerkt, sei ein Wort aus dem atheistischen Vokabular. Es gibt keine Sachzwänge, aber es gibt Interessen, und wenn man den Zusammenhang zwischen den Interessen der Rüstungsproduzenten oder der mächtigen Stromversorgungsunternehmen und ihren Darstellungen des angeblich Notwendigen begriffen hat, kann man anfangen, sich gegen ihre Argumente zu wehren.

Das »Wort vom Kreuz« muß gewiß nicht immer ausdrücklich politische Predigt sein. Aber was es (für mich) auf keinen Fall sein kann, ist: Beschwichtigung, Verharmlosung, rhetorische Aufhebung von Gegensätzen im Interesse derer, die die Geschichte machen. Es ist, auch wenn es in bester Absicht geschieht, schändlich, gegen die beängstigende Zerstörung der Natur anzureden, indem man, als wäre gar nichts geschehen, mit den Bildern von »Schwester Wasser« und »Mutter Erde« aus Franzens »Sonnengesang« die heile Schöpfung beschwört. Es ist falsch und unaufrichtig, vom Frieden zu reden, den Christus gibt – und dabei nur den »inneren Frieden« zu meinen, von den ökonomischen und politischen Ursachen für den beharrlich aufrechterhaltenen Unfrieden aber zu schweigen. Und es ist zynisch, die Möglichkeit eines Atomkrieges in Anspruch zu nehmen für die guten Absichten Gottes.

Die Nachfolge Jesu »ruft uns (...) in ein solidarisches Verhältnis zu den Armen und Schwachen unserer Lebenswelt überhaupt. Eine kirchliche Gemeinschaft in der Nachfolge Jesu muß es hinnehmen, wenn sie von den ›Klugen und Mächtigen‹ (1 Kor 1,19–31) verachtet wird. Aber sie kann es sich – um dieser Nachfolge willen – nicht leisten, von den ›Armen und Kleinen‹ verachtet zu werden (...) sie nämlich sind die Privilegierten bei Jesus, sie müssen auch die Privilegierten in seiner Kirche sein (...) Wir werden schließlich unsere intellektuellen Bezweifler eher überstehen als die sprachlosen Zweifel der Armen und Kleinen und ihre Erinnerungen an das Versagen der Kirche« (»Unsere Hoffnung«. Ein Beschluß der Gemeinsamen Synode der Bistümer in der BRD vom November 1975, III.2).

Günter Wallraff

Predigt von ganz unten

Es gibt eine alte Tendenz, Gott *ganz oben* anzusiedeln: von den Hofpredigern König Davids über Friedrich Wilhelm bis zu den Helmuts von heute. Da singt man mit Vorliebe »Lobe den Herrn, der alles so herrlich regieret« oder »Großer Gott, wir loben dich, Herr, wir preisen Deine Stärke«. Von da aus ist es dann oft nur noch ein kleiner Schritt zur eigenen »Politik der Stärke«. Und wenn dann solche Lieder vom »Herrn der Heerscharen« noch mit dem Ruf »Helm ab zum Gebet!« beim Zapfenstreich ertönen, dann kriegen die irdischen Herrn auch schon mal feuchte Augen.

Daneben – nein: dagegen – gibt es den uralten Versuch, Gott *ganz unten* zu suchen und zu finden. Das beginnt mit der Geschichte vom Auszug der unterdrückten Hebräer aus der ägyptischen Sklaverei und ist mit der »Theologie der Befreiung« und der Praxis christlicher Basisgemeinden noch längst nicht zu Ende.

Gott *ganz unten*, das ist – richtig verstanden – auch der Kern der Weihnachtsbotschaft, die freilich in den letzten Tagen vor dem Fest – wie alle Jahre wieder – in der Schnulze »vom blonden Knaben im lockigen Haar« unterzugehen droht. Doch betrachten wir die nichtretuschierte Geschichte von der Krippe, von der zugigen Notunterkunft in Bethlehem. Da wird Jesus zwischen Ochs und Esel auf die kalte Erde geworfen. Die »Hirten auf dem Felde« bekommen als erste die frohe Botschaft – die »kleinen Leute«, wie sie von den sogenannten Großen herablassend genannt werden. Und bei diesen »kleinen Leuten« ist Jesus konsequent sein Leben lang geblieben, bis dahin, als man seine Stimme zu ersticken suchte: am Kreuz auf Golgatha, dem Ort, der bekanntlich die Müllkippe Jerusalems war – *draußen vor der Stadt*.

Im Christus-Bekenntnis, das Paulus im Philipperbrief zitiert, heißt es: »Er entäußerte sich selbst und nahm die Gestalt eines Sklaven an...« – nicht als vorübergehende Verkleidung, sondern mit voll-

ständiger, lebenslanger Identifizierung, ohne irgendein Zurück zu den Privilegien einer sogenannten gesicherten Existenz! Jesus blieb lebenslang ohne Besitz und Sicherheit bei denen *ganz unten*.
Kommen wir zurück zu der Geschichte vom Auszug der Hebräer aus Ägypten, zum *Exodus*. Als wesentlicher Grund für den Exodus wird die unerträgliche *Arbeitsplatzsituation* in einem wirtschaftlich blühenden Land angeführt. Der Pharao erscheint als erfolgreicher Wirtschaftspolitiker, der in den fetten Jahren durch den Bau riesiger Vorratsspeicher für die mageren Jahre Vorsorge trifft. Arbeit gibt es genug, auch für Gastarbeiter, die in Notzeiten nach Ägypten strömen. Sie nehmen schlechte Löhne und Mißhandlungen in Kauf, um zu überleben. Zu diesen Gastarbeitern gehören auch Vorfahren des späteren Israel. Hebräer werden sie genannt, übrigens nicht nur sie, sondern auch Fremdarbeiter aus allen anderen Ländern. Hebräer ist ursprünglich eine Art Schimpfwort, das klang so ähnlich wie *Pack, Gesindel, Gesocks*. Es betraf Menschen, die weniger Rechte hatten als die einheimischen, speziell Ausländer. *Untermenschen, Kanaken*, wie manche bei uns sagen.
Solche Hebräer – wird uns erzählt – wollen eines Tages ein religiöses Fest feiern: Sonderurlaub also. Der Pharao reagiert darauf äußerst scharf.
Ich lese Ihnen das wörtlich aus dem Buch »Exodus«, dem »zweiten Buch Mose« vor:

Es »... befahl der Pharao den ägyptischen Aufsehern und den israelitischen Vorarbeitern: ›Liefert dem Volk kein Stroh mehr zur Herstellung der Ziegelsteine. Sie sollen es sich selbst suchen! Aber die Anzahl der Ziegelsteine, die täglich abzuliefern sind, muß dieselbe bleiben. Ihr dürft sie nicht verringern; denn die Israeliten sind faul, und nur deswegen schreien sie: ›Wir wollen gehen und unserem Gott Opfer bringen.‹ Die Leute müssen mehr Arbeit haben. Dann sind sie beschäftigt und werden nicht auf verführerische Reden hören.‹ Die Aufseher und Vorarbeiter gingen hin und gaben den Befehl an die Bevölkerung weiter...
So suchte das Volk im ganzen Land Ägypten Stroh zusammen. Die ägyptischen Aufseher trieben die Leute an: ›Ihr müßt genauso viel Ziegel herstellen wie früher, als euch noch Stroh geliefert wurde!‹ Zu den Vorarbeitern, die sie über die Israeliten eingesetzt hatten, sagten sie: ›Warum habt ihr heute nicht die vorgeschriebene Anzahl abgeliefert?‹ Und sie schlugen sie.

Da beschwerten sich die Vorarbeiter der Israeliten beim Pharao: ›Warum tust du uns das an? Man hat unseren Leuten kein Stroh geliefert, und doch sollen sie Ziegel herstellen. Sogar geschlagen hat man uns. Aber die Schuld liegt bei deinen eigenen Leuten!‹ Der Pharao antwortete: ›Faul seid ihr, ganz einfach faul. Deswegen wollt ihr auch, daß ich euch gehen lasse, um dem Herrn Opfer zu bringen. Macht, daß ihr wieder an eure Arbeit kommt! Stroh bekommt ihr nicht; aber die vorgeschriebene Anzahl Ziegel wird abgeliefert!‹
Da sahen sie, daß es keinen Ausweg gab; die Israeliten mußten die gleiche Menge Ziegel fertigstellen wie bisher.«

Eine sehr plastische Beschreibung dessen, was wir heute als »Akkordhetze« (mit all ihren schlimmen Folgen) kennen; und eine offen sozialkritische dazu. (Fast möchte ich sagen: Das hat ein ganz frühes Vorbild von mir geschrieben!) Was hier geschildert wird, erleben Millionen Billiglohn-Arbeiter in der sogenannten Dritten Welt tagtäglich, in abgeschwächter Form aber auch bei uns. Und wenn dagegen protestiert wird, kommen von oben stets die alten Argumente: »Denen geht es zu gut, die sind nur zu faul«, oder bei uns: »Soll'n die doch zurück in ihre Heimatländer.«
Sie wissen, wie die alte Geschichte weitergeht: Durch göttliche Initiative werden die Hebräer aus ihrer unerträglichen Arbeitssituation im Land Ägypten herausgeholt. Dies gilt als das befreiende Urerlebnis, und hier wird Gott als Befreier entdeckt: nicht im Tempel Pharaos, nicht dort, wo die religiösen Diskussionen der Privilegierten stattfinden, sondern am Arbeitsplatz derer, die *ganz unten* malochen. – Übrigens habe ich beim Hineinvertiefen in die Schriften herausgefunden, daß »malochen« ein hebräisches Wort ist und soviel bedeutet wie: niedere Arbeiten verrichten, schuften.
Dieser überlieferte Bericht vom »Exodus« gehört zum Herzstück auch heutiger »Theologie der Befreiung«, die man besonders in Lateinamerika und Südafrika zu praktizieren versucht. Viele Dritte-Welt-Gruppen bei uns unterstützen das, aber die Menschen in der Dritten Welt erwarten von uns noch etwas ganz anderes. Darauf hat mich jetzt nach Erscheinen meines Buches die Regionalgruppe München der katholischen Initiative »Kirche von unten« aufmerksam gemacht. Sie schreiben, ich hätte hier in der Bundesrepublik etwas von dem getan, was man in Lateinamerika von uns erwartet. Und sie zitie-

ren den brasilianischen Kardinal Lorscheider: »Habt ihr in Deutschland keine Unterdrückten? Ihr müßt anfangen, denen bei der Befreiung beizustehen, die bei euch unterdrückt sind. Wenn ihr die Befreiung bei euch erfahrt, dann könnt ihr uns damit die beste Solidarität erweisen.« (...)
Ich habe in beiden Kirchen soziales Engagement erfahren, das ich respektabel finde: die langjährige Industriearbeit des evangelischen Pfarrers Symanowski und vieler, die es ihm gleichgetan haben; dann die Arbeit katholischer Arbeiterpriester in vielen Ländern der Welt – um nur zwei Beispiele zu nennen. Diese Arbeit ist ja leider in vielem von der Amtskirche behindert, zum Teil sogar verhindert worden; von einer Kirche, bei der allzusehr der Hierarchie-Kult im Vordergrund steht.
Und man hat immer wieder den Eindruck: Da wo Gott autonom gesetzt wird, ins Jenseits verbannt wird, da wo er vergötzt wird, dort kommen die Belange des Menschen zu kurz. Ich wünsche mir dann stets, daß man Christus von dort zurückholt – wenn er schon nicht von selbst kommt – und ihn wiederentdeckt als einen Menschen wie du und ich, nur eben als einen der radikalsten, der seinen Weg zu Ende gegangen ist und keinerlei Kompromisse eingegangen ist.
Was mich mit all diesen Christen verbindet, ist das, was man in der religiösen Sprache ganz schlicht »Nachfolge Christi« nennt. Ich habe das in meinem jüngsten Buch in der Gestalt des Ali so ausgedrückt: »Ich finde Leben und Werk Christi überzeugend'« Deshalb habe ich dem kirchenkritischen Kapitel dieses Buches auch mit voller Absicht und Überzeugung einen Satz Jesu Christi aus dem Matthäus-Evangelium vorangestellt, in dem es an entscheidender Stelle um Fremde und Obdachlose geht. Da sagt Christus: »Ich war fremd und obdachlos, und ihr habt mich aufgenommen. Wahrlich ich sage euch: Was ihr einem unter den geringsten meiner Brüder getan habt, das habt ihr mir getan.« Dieser Satz ist leider oft im Sinne einer puren Aufforderung zur Mildtätigkeit mißverstanden worden.
Der von der Amtskirche disziplinierte katholische Theologe Adolf Holl hat in seinem Buch »Jesus in schlechter Gesellschaft« wohl treffender noch ausgedrückt, worauf es Jesus Christus damals ankam: »Das Lied, das Jesus den Armen gesungen hat, kam *nicht von oben*, wo das Brot verteilt wird. Jesus hat eine bevorzugende Neigung für

die Armen, die Ausgestoßenen. Er nimmt also Partei, schlägt sich auf eine sehr bestimmte Seite, sicher nicht die der Herren. Mit diesem *Zug nach unten* zu den Armen und Verachteten, zu den ›marginales‹ (wie man sie in Südamerika nennt), wird Jesus selber zu einer Randperson, zu einem *marginal man.*« (...)

»Tue deinen Mund auf für die Stummen« – heißt es in einer in den Kirchen oft zitierten Aufforderung aus den »Sprüchen Salomonis«. Auf unsere Zeit bezogen: Diejenigen, die am meisten zu sagen hätten, haben bei uns nichts zu sagen – ihnen muß man zum Sprechen verhelfen und Gehör verschaffen. Auf Dauer am wichtigsten ist jedoch, daß die Stummen selbst zu reden beginnen, entsprechend dem, was Jesus als tatsächliche Konsequenz der Verheißungen des Evangeliums ansah – und zwar nicht im wundergläubigen, vielmehr im sehr praktischen, sozialen Sinn: »Blinde sehen, Lahme gehen, Aussätzige werden rein, Taube hören.«

In diesem Sinne hat es mich ganz besonders gefreut, daß bislang eingeschüchterte türkische Kollegen jetzt anfangen, offen über ihre Probleme zu reden, Beschwerde zu führen, Anklage zu erheben, daß sie vor die Kameras treten. Auf den Veranstaltungen, die ich fast täglich mache, kommen sie ans Mikrofon; sie haben keine Angst mehr und reden über ihre Situation, auch wenn sie »Illegale« sind, und wissen: Es gibt den Schutz einer »schweigenden Mehrheit«. Auch bei Behörden findet man bisweilen so etwas wie soziale Phantasie, aus Bürokraten können Menschen werden.

Ich habe es zuletzt auf einer Veranstaltung in Tübingen erlebt, zu der sich mehr als 2500 Studenten versammelt hatten, daß 80 Prozent direkt Betroffene an das Mikrofon traten – vornehmlich Ausländer, Leiharbeiter, auch »Illegale« darunter – und zunächst stammelnd, dann immer befreiter über ihre Lebens- und Arbeitssituation sprachen und dabei getragen wurden von der Stimmung der Studenten. Ein junger Türke war darunter, der sagte, zum ersten Mal habe er den Mut, offen zu bekennen, daß er türkischer Nationalität sei, er habe sich bis dahin immer dafür geschämt.

Daß diese neue Verständigung zustande kommt, daß das Gewissen einer Nation sozusagen wachgerüttelt werden kann und daß die Minderheit, die Hasser mit ihren Türken-Witzen, welche oft den Juden-Witzen entlehnt sind, zur Zeit etwas beschämt ist, sich in die Ecke gestellt sieht, das ist – so glaube ich – ein guter Anfang. Aber dabei darf es nicht bleiben!

Vergessen wir jedoch nicht: am Arbeitsplatz selbst muß sich Grundsätzliches ändern, wie damals in Ägypten, so heute hier bei uns. Ich freue mich darüber, daß zur Zeit verstärkt gegen illegale Leiharbeit vorgegangen wird, daß Gesetzesinitiativen in Gang kommen, daß Gewerkschafter aktiver werden. Eigentlich müßte ja der Protest gegen illegale Unternehmenspraktiken, gegen Hungerlöhne für Ausländer, gegen die Herrschaft des Geldes und des Kapitals Herzstück auch – und gerade! – kirchlicher Arbeit sein. Aber davon ist leider – wenn ich das richtig sehe – nur wenig zu spüren. Ich würde mich freuen, wenn meine Arbeit und mein Buch für diejenigen Verstärkung bedeuten würde, die in Industrie-Pfarrämtern, Schulen und Gemeinden näher an jene Basis herankommen wollen, die wirklich *ganz unten* ist.

Den Mund auftun für die Stummen hilft allein aber noch nicht, auch nicht das Reden der ehemals Stummen selbst. Praktische Schritte müssen folgen, nicht nur einige kosmetische Verbesserungen schlechter Verhältnisse. Der alte Spruch vom »Mund auftun für die Stummen« endete mit der Aufforderung: »Schaffe Recht dem Elenden und Armen'«

Gerechte Verhältnisse schaffen – darum geht es! In der Geschichte vom »Exodus« war man zu der Erkenntnis gekommen, daß die Situation im Pyramidenstaat des Pharao nicht mehr zu verbessern war, daß man aus diesen Verhältnissen ganz heraus mußte. Eine Herausforderung auch an uns, uns nicht mit Vertröstungen und Reformen auf dem Papier abfinden und abspeisen zu lassen. Recht schaffen, ist eine radikale Sache.

Wir dürfen uns nicht verlassen auf die Behörden, auf den Staat, auf unsere Politiker, wir müssen bei uns selbst anfangen, jeder in seiner Nachbarschaft, am Arbeitsplatz. Wir müssen auf den ausländischen Kollegen zugehen, der durch Sprachbarrieren gehemmt ist, verunsichert ist, in Isolation, einem Ghetto-Dasein sich befindet.

Jeder einzelne ist gefordert, die ersten Schritte zu tun, bei sich zu überprüfen: Wo gibt es Freundschaft mit Ausländern, wo kann man sich näherkommen, wo sich kennenlernen? Dies nicht etwa aus einer Haltung der Barmherzigkeit und Mildtätigkeit, sondern vielmehr auch aus einem ganz egoistischen Prinzip heraus: Man bereichert sein

eigenes Leben, wenn man fremde Kulturen kennenlernt. Man kann auch erfahren, was sie der eigenen Kultur manchmal voraus haben, was sie einem geben können.
Gerade in letzter Zeit stellen sich verstärkt auch aktive Christen Ausländern zur Verfügung, die Schwierigkeiten mit Behörden haben, die ausgewiesen werden sollen. Man erlebt hierbei immer wieder, daß Behördenvertreter oft viel vorsichtiger werden, falls Deutsche – besonders wenn sie Amt und Ansehen haben – Ausländer zu Behörden begleiten.
Drohende Ausweisungen – das Ausländerrecht ist oft ein Gnadenrecht, kann so oder so ausgelegt werden! – können so doch noch verhindert werden, Behördenvertreter dahingehend beeinflußt werden, sich an die bestehenden Gesetze zu halten oder sie sogar unter menschlichen Gesichtspunkten anzuwenden (...)
Es gibt in einzelnen Städten Initiativen der protestantischen Kirche, die – wie ich finde – nachahmenswert sind: Wenn es sich um drastische Härtefälle handelt, wo Menschenleben unter Umständen in Gefahr sind, auch bei Asyl Suchenden, die aus politischen Gründen dann doch nicht anerkannt werden und denen Folter und Verfolgung drohen in ihren Heimatländern, in solchen Fällen versteckt man diese Menschen; diejenigen, die es sich leisten können, brechen formales Recht bewußt, um Menschenrechte durchzusetzen. Denn das Recht – zu Ende gedacht – ist immer auf seiten der Opfer, ist auf seiten der Schwächeren und ist nicht nur das, was auf dem Papier steht.

Antje Vollmer

Die Würde des Menschen ist antastbar

Das Bild werde ich nie vergessen. In einem Blitzlichtgewitter von Fotografenscheinwerfern wird eine junge Frau hereingetragen, von der man zunächst nur die dünnen Beine unter einem hochrutschenden Rock sieht. Darüber eine schmale Gestalt mit merkwürdig verschränkten Armen, hereingezerrt und umrahmt von vielen Polizeibeamten. Den Kopf gesenkt, mit strähnig herunterfallenden dunklen Haaren. Von hinten greift einer in Uniform in diese Haare und reißt den Kopf hoch. Eine Trophäe, eine Fleischschau nach siegreicher Jagd. Obwohl das Gesicht jetzt zu sehen ist, ist nichts zu sehen, denn die Augen sind geschlossen. Die junge Frau war Margit Schiller, Randfigur der Roten Armee Fraktion, die so nach ihrer Verhaftung der Presse vorgeführt wurde.

Es gibt Bilder, bei denen man sich beim Zuschauen schämt.

Trophäen gab es nicht nur auf dieser Seite der gesellschaftlichen Barriere. Als auf dem Höhepunkt der Flick-Affäre Rainer Barzel zu seinem letzten Verhör in den Untersuchungsausschuß kam, im dunklen Anzug, in würdevoller Haltung, ruderte auch er durch ein Heer von Fotografen. Als er sich an den Tisch setzte, verfolgten die Kameras jede Bewegung der Hände, das unruhige Suchen, den wegrutschenden Gesichtsausdruck, den Versuch, noch etwas zu sagen. Bis ihm nichts mehr einfiel: Eine Viertelstunde dauerte eine Ewigkeit, wenn der Gesprächsstoff ausgeht. Und keiner fand sich, der den Prozeß gnädig abgekürzt hätte.

In seinem wunderbaren Vorwort zur »Heiligen Johanna« schreibt Bernard Shaw über den gar nicht angebrachten Hochmut der modernen Zivilisation gegenüber den mittelalterlichen Methoden, Menschen zu quälen: »Nicht einmal die sensationellsten und schrecklichsten Grausamkeiten brächten über ihre Opfer jenes Elend, jene Erniedrigung und insbesondere jenes vollbewußte Vergeuden und Verlieren des Lebens, das man in unseren modernen Gesellschaften, namentlich in den musterhaften, erduldet, ohne, soweit ich sehen kann, mehr Gewissensbisse zu erregen als seinerzeit durch die Verbrennung von Ketzern im Mittelalter. Wir haben nicht einmal die Entschuldigung, unseren Gefängnissen irgendeinen Spaß abzugewinnen, wie das Mittelalter seinen Scheiterhaufen und Rädern und Galgen.«

Etwas hat sich geändert in den Methoden der Verletzung der Menschenwürde, wie sie die modernen industriellen Zivilisationen kennen. Der Prozeß des Verletzens selbst ist ein rein technischer, kalter, scheinbar unbeteiligter geworden. Da wird nicht »angetastet«, da wird nicht »die Hand an jemanden gelegt«, da fällt auch keiner »in die Hände seiner Feinde«. Das Unwürdige der beschriebenen Szenen liegt gerade in dem Widerspruch von der gigantischen visuellen Nähe, dem fast körperlichen Hineinkriechen in das Unglück eines Menschen, bei gleichzeitig vorhandener absoluter Distanz eines kalten technizistischen Erfassungsvorgangs eines fast beliebigen Objektes.

Diese Menschenrechtsverletzungen brauchen keine *Handlanger* mehr, weil sie von Millionen Zuschauern mitvollzogen werden: Sehet, welch ein Mensch... Optisch gesehen hat der Schutz der Menschenrechte und die Bewahrung der Menschenwürde etwas mit der Fähigkeit zur richtigen menschlichen Distanz zu tun. Menschenunwürdig ist jene auffressende, zum Objekt machende Distanzlosigkeit ohne jede fühlbare menschliche Nähe. Die ganze Folterkammer der Menschenrechtsverletzungen kennt eine Fülle von Belegen dafür, daß die Folterer eben diese zum Leben notwendige achtungsvolle Distanz, die Grenze des Unerlaubten und Unberührbaren mißachten und durchbrechen, die jeder Mensch zum Für-sich-Sein braucht wie die Luft zum Atmen.

Menschenunwürdig ist aber auch die Eiseskälte der Isolation, das »vollbewußte Vergeuden und Verlieren des Lebens« in Institutionen, »namentlich den musterhaften«, deren Sinn und Zweck vor allem darin besteht, eine Entfernung herzustellen, die keine menschliche Wärme, Imagination und Erfahrung mehr überbrücken kann. Technisch und bürokratisch haben wir uns in den Hochsicherheitstrakten, Konzentrationslagern, Sondereinrichtungen, Isolierstationen ein immer ausgeklügelteres System von Distanzen geschaffen, die uns das Unglück und die Menschlichkeit von Menschen vom Halse schaffen. Die Mehrzahl der Menschenrechtsverletzungen in den hochentwikkelten westlichen Demokratien beruhen darin, daß ihre Opfer einer Isolation und einer lebensfeindlichen Vereinsamung ausgesetzt werden, die tödlich ist. *Die Würde des Menschen ist nämlich auch durch »Unantastbarkeit« antastbar.*

Das Neue Testament kennt viele Geschichten, die von einer humanen Form der Nähe und des Abstandes zwischen Menschen berichten, in der sich gut leben ließe. Der Name für eine solche menschenwürdige und lebensfreundliche Distanz zwischen Menschen definiert sich durch eine Standortbeschreibung: *die des Nächsten.* Der oder die Nächste sind mir so nah, daß Berührungen möglich sind, ohne daß sie zu Übergriffen werden. (Von daher spielen vorsichtige Berührungen in fast allen Heilungen Jesu eine Rolle.) Der oder die Nächste leben gleichzeitig oft genug in einer Distanz und Isolation mir gegenüber, die ich erst in Nähe verwandeln muß, was meine eigene Bewegung und Standortveränderung voraussetzt. Jesus geht immer wieder in die sozialen Tabu-Bezirke: in das Haus des Zöllners, der Prostituierten, der Samariterin.

Die Kirchentagslosung »Seht, welch ein Mensch!« ist auch ein Versuch, eine Distanz zu beschreiben, in der sich menschlich und menschenwürdig leben ließe. Wenn ich sehen will, daß einer ein Mensch ist, muß ich wenigstens so viel Abstand zu ihm haben, daß ich ihn als etwas Ganzes, von mir Getrenntes, mir nicht Zuhandenes, nicht Unterworfenes erlebe, das mir niemals (weder als Objekt meiner auffressenden Liebe noch meines zerstörerischen Hasses noch meines technisch-kalten Sezierens) zur Verfügung steht. Wenn ich sehen will, daß einer ein Mensch ist, muß ich ihm mindestens so nahe kommen, daß eine menschliche Wahrnehmung seines Mensch-Seins noch möglich bleibt. Die Weggeschlossenen, die Hochsicherheitsisolierten, die korrekt in ihre Abteilung Eingegliederten, die Schallisolierten, die Ruhiggestellten, die Abgelegten, sie sind für mich menschlich ausgelöscht, vergessen, vorbei. Weil sie ihrer elementarsten Menscheneigenschaft, mir als Menschen zu begegnen und nahe kommen zu können, beraubt sind – durch meine Entfernung von ihnen. Folgerichtig erscheinen uns dann auch die, die wir in so unerreichbare Ferne von uns verbannt haben als unmenschlich, tierisch, barbarisch, untermenschlich, monsterhaft.

Die Würde des Menschen ist antastbar..., so heißt ein Buchtitel mit gesammelten politischen Artikeln von Ulrike Meinhof. Nach ihrem Tode wurden den übrigen Gefangenen in Stammheim Stricke mit der Post zugeschickt. Sie passierten auch die Postzensur. Es waren Kälberstricke.

Dorothee Sölle

Homo africanus crucifixus

Eine Meditation zu Südafrika

Christus wurde nach seiner Gefangennahme der Willkür römischer Soldaten übergeben. Sie schlugen ihn, sie spuckten ihn an und benutzten ihn zu sadistischen Spielen. Mit einem eigens aus Dornen hergestellten Kopfputz wurde er gequält und dann zu Tode gefoltert.
Ein weißer Arzt, der den Wehrdienst in der südafrikanischen Armee verweigerte und jetzt in einem Farbigenvorort praktiziert, erzählt: *In den Townships gibt es keine Erholungszentren, wo man sich treffen kann – in Crossroads schon gar nicht, die Jugendlichen treffen sich also natürlich an den Straßenecken, wenn sie miteinander reden wollen: die Häuser sind schrecklich überfüllt, man trifft sich also auf der Straße, und dann kommt die Polizei und schießt auf der Stelle, wenn sie eine solche Gruppe vor sich hat (...) Zwei Babies sind in Crossroads an den Folgen des Tränengases gestorben (...) Entlang der Straßen standen alle zwanzig Meter sogenannte ›farbige‹ Soldaten der Armee und richteten das Gewehr auf einen. Nun – Soldaten hat man das Töten beigebracht, sie sind nicht dazu da, innere Unruhe zu kontrollieren (...) Ein Freund von mir mußte einen Polizisten behandeln, der sich in einem Casspir, einem dieser gepanzerten Wagen, seine Hand verletzt hatte. Er bemerkte zufällig, daß das gerade der Geburtstag des Polizisten war und sagte zu ihm: ›Ach, es muß ja ziemlich schlimm sein, in den Unruhen Dienst zu haben und verwundet zu sein, wenn man gerade Geburtstag hat.‹ Und die Antwort des Polizisten war: ›Doktor, ich kann mir gar nichts Besseres für meinen Geburtstag vorstellen, als auf Kaffern zu schießen.‹*[1]
Bathandwa, ein fünfzehnjähriger Schwarzer, schrieb: *Die Lage in unserem Township ist so widerlich, daß man sich manchmal eine Frage stellt, auf die es keine Antwort gibt, das ist: ›Warum hat Gott einen*

---

1. Frankfurter Rundschau vom 22. 7. 1986, Seite 10

Menschen erschaffen?‹ (...) Wir werden jeden Tag von Truppen bewacht, als wenn wir Verbrecher wären (...) Diese Armeetruppen geben vor, unsere Freunde zu sein. Für mich sind sie Feinde.[2]
Und Moagi, acht Jahre alt, sagte: *Wenn ich groß bin, möchte ich eine Frau und zwei Kinder haben, einen Jungen und ein Mädchen und ein großes Haus und zwei Hunde und Freiheit.*
Aber falls Moagi überhaupt zur Schule geht, hat er zur Zeit die Aussicht, mit 70 % seiner Klassenkameraden als Analphabet abzuschließen. ›Bantuerziehung‹ ist dazu da, die Schwarzen servil zu halten, für jedes schwarze Kind wird ein Siebtel von dem, was auf ein weißes kommt, ausgegeben.
Die Kreuzigung Christi in Südafrika hat viele Helfershelfer in der ganzen Welt, vor allem in unserem Land. Polizei und Militär gehen mit den modernsten Waffen gegen die unbewaffnete Bevölkerung vor – und wesentliche Teile ihrer Ausrüstung stammen aus der Bundesrepublik.[3] Wir liefern zum Beispiel Hubschrauber, mit denen aus der Luft Lackfarbe auf Demonstranten versprüht wird, um sie dann bei den Razzien in den Wohngebieten identifizieren zu können. Wir liefern die gepanzerten Militärwagen (Casspir), die zur Demonstrantenjagd eingesetzt werden. Außerdem unterstützen unsere Banken immer noch das System, das wirtschaftlich vor dem Zusammenbruch steht. Damit verbinde ich eine persönliche Erfahrung, weil wir – reichlich spät! – unser Konto bei der Dresdner Bank aufgelöst haben. Wir wurden daraufhin zu einem Gespräch eingeladen, in dem die Vertreter der Bank betonten, daß sie – wie wir – gegen die Apartheid seien, wirtschaftlichen Boykott aber nicht für das richtige Mittel zur Veränderung hielten. Zufällig fand am selben Tag in Hamburg eine Demonstration gegen das System des »Vierten Reiches« statt, wie Jesse Jackson es nannte. Während wir noch im schönen alten Haus am Jungfernstieg diskutierten, schallte von unten der tausendstimmige Ruf herauf: »Deutsche Waffen, deutsches Geld morden weiter in alle Welt.«
Die Banken und Rüstungsfirmen, die das System immer noch funktionsfähig halten, verlängern den Bürgerkrieg. Die Industrie, die zur

2. New Herald Tribune vom 2./3. August 1986
3. vgl. ›Monitor‹, gesendet am 6. 8. 1985

Prof. Fulbert Steffensky
DOROTHEE SÖLLE

ROOSENS WEG 7
2000 HAMBURG 52

An den
Geschäftsführenden Direktor
der
Dresdner Bank
Museumstr. 31

2000 Hamburg 50

Hamburg, den 14.4.85

Sehr geehrter Herr,

wir sind seit vielen Jahren Kunden der Dresdner Bank und waren mit Ihrem Service zufrieden. In den letzten Jahren haben wir aber zunehmend das Vertrauen verloren wegen der Geschäftsbeziehungen der Dresdner Bank zu Südafrika. Eine deutsche Bank sollte sich unserer Auffassung nach nicht an der Unterstützung eines Systems, das dem der Nazis gleichkommt, beteiligen. Wir wollen nicht, daß mithilfe unseres Geldes das menschenfeindliche System der Apartheid unterstützt wird.
Südafrika steht heute vor einem Bürgerkrieg, und die Dresdner Bank finanziert mit ihren Krediten die weitere Militarisierung des Landes und ist mit schuld an den blutigen Opfern, die diese Apartheid jeden Tag unter der farbigen Bevölkerung fordert.
Die Citybank in New York hat sich vor kurzem aus dem blutigen Geschäft zurückgezogen. Wir verlangen auch von der Dresdner Bank, daß sie ihre Geschäftsbeziehungen zu Südafrika einstellt. Zusammen mit vielen anderen Bürgern, die ein politisches und humanes Bewußtsein haben, erwarten wir, daß die Dresdner Bank dieser Forderung bis zum 31.12.1985 nachkommt. Wir fordern Sie höflich auf, dieses Anliegen der Menschlichkeit bei der Hauptversammlung der Dresdner Bank am 10.5.85 zu vertreten, die Änderung der Geschäftspolitik durchzusetzen und den Respekt vor den Menschenrechten auch im Bankgeschäft nicht einfach zu ignorieren.
Falls Sie unserer Forderung nicht nachkommen, kündigen wir hiermit unser Bankkonto bei der Dresdner Bank zum 1.1.1986.

Hochachtungsvoll

Dorothee Sölle

(Dorothee Sölle)

Anlagen

Zeit am schnellsten in Südafrika wächst, ist die der »Sicherheit«, ein Drittel der wirtschaftlich aktiven weißen Bevölkerung arbeitet für den Staat – in der Armee, der Polizei, den Geheimdiensten, in Schulen oder Regierungsstellen. »Die totalitäre Kontrolle des Lebens wird immer brutaler – unter dem Vorwand, daß wir dieses Land für den Kapitalismus und den Westen retten«, wie ein führender Politiker sagte (vgl. New Herald Tribune-Artikel).

Die gemäßigten Führer, die die große Mehrheit der Schwarzen hinter sich haben, sind im Gefängnis – wie Nelson Mandela – oder im Exil – wie Oliver Tambo. Wirtschaftliche Sanktionen als das einzige gewaltfreie Mittel, die Gewalt aufzuhalten, werden vom Westen immer noch aufgeschoben oder nur halbherzig gewollt; daß 73 % der Schwarzen in Südafrika sie für notwendig halten, wird abgeleugnet und verschwiegen (siehe Frankfurter Rundschau-Artikel).

Das Kreuz Christi kann nur verstehen, wer seinen eigenen Anteil in diesem Geschehen begreift. »Ach meine Sünden haben dich geschlagen« heißt es im Kirchenlied. Solange wir unseren Mund nicht auftun, lassen wir uns entmündigen. Wir nehmen durch unsere Steuern, die den Firmen als Hermesbürgschaften zufließen, am Weitermorden teil. Rassismus ist ein Verbrechen, aber für Christen gilt auch, daß er – wie der Weltrat der Kirchen formulierte – eine Häresie ist, eine vom Licht des Evangeliums sich ausschließende falsche Lehre. Eine falsche Lehre ist nicht nur eine falsche Ansicht oder Meinung – es ist vielmehr eine Ideologie des Hasses und der Menschenverachtung, die alle, die sie mittragen, intellektuell und spirituell beschädigt. Wir zerstören uns selber, wenn wir uns an der Kreuzigung Christi beteiligen.

Die Schulkinder von Soweto haben schon vor zehn Jahren den Weg des Widerstands, den Weg des Kreuzes gewählt. 500 von ihnen wurden damals ermordet. Aber seit Soweto ist ein schwarzes Selbstbewußtsein gewachsen, zum Leiden bereit, ein mündiger Widerstand, der sich nicht mehr darin erschöpft, an die Reformwilligkeit der Weißen zu appellieren. Diese Schulkinder protestieren gegen den Schulunterricht, der in Africaans gehalten werden sollte. Weder sie noch ihre Lehrer bescherrtschen diese Sprache. Das erste, was sie taten, war, daß sie die Bierhallen ihrer Eltern in Brand steckten. Das ist ein Symbol der Kraft, des Wissens . Die Schüler wußten genau, daß ihre Eltern ihre Fähigkeit zum Widerstand im Suff erstickten.

Zum 16. 6. 1986

South western township
vor zehn jahren
hab ich die abkürzung buchstabieren gelernt
das größte ghetto afrikas
für mehr als eine million menschen
So We To
vor zehn jahren
hab ich die schulkinder gesehen
die die sprache des unterdrückers nicht lernen
Hört auf sie durch unsere kehlen zu zwingen
Soweto
und seit zehn jahren
sind die toten immer jünger geworden
das alter der ermordeten sank
von siebzehn auf zwölf auf elf
Soweto
eine die acht war als es geschah
ist jetzt achtzehn
und immer noch würgen sie unseren kehlen
die sprache der unterdrücker zu lernen
SOWETO
    heute
ist es verboten die toten zu nennen
sich an die fünfhundert schulkinder zu erinnern
heute wird das beten verboten
in Soweto
für Soweto
aber ihr werdet die sechsundzwanzig bezirke der southwesttownships
nicht los werden
weil diese toten lebendiger sind
als ihre mörder
und ihre zuschauer und ihre geldgeber und ihre waffenlieferanten
weil diese stadt auf der weltkarte der befreiung eingezeichnet ist
eingetragen in das buch des lebens
in dem auch die stehen die wir tot nennen
SOWETO

»Und nach diesem will ich meinen Geist ausgießen über alles Fleisch. Und eure Töchter und Söhne sollen weissagen« (Joel 3,1). Der Aufstand von Soweto war ein Zeichen des Lebens mitten im Tod, ein Stück der Auferstehung, die ohne das Leiden von Unschuldigen nicht geschieht.

Es ist eine merkwürdige und unverzichtbare Erfahrung, die jede, die sich nicht entmündigen und zum Schweigen bringen läßt, machen kann: daß die Schwachen stark werden und die Getöteten Leben erzeugen. Genau das haben bei uns die evangelischen Frauen gelernt, die seit vielen Jahren an den Obstständen und vor Großmärkten darauf aufmerksam machen, daß die Früchte der Apartheid nach Blut schmecken. Auch sie wurden beschimpft und gedemütigt; ein junges Mädchen hat mir einmal mit Tränen in den Augen erzählt, wie ihr männlicher Mitarbeiter wenigstens angehört, sie aber mit »Was verstehst du denn schon davon!« fertiggemacht wurde. Und doch blieben sie dabei. Es ist besser, verwundbar und am Leben zu sein, als glatt durchzukommen und in die eigene Apartheid einzuwilligen.

Die schönste Geschichte dazu hörte ich von einer Frau in einer Frankfurter Kirche. Sie erzählte, wie sie zusammen in eine Bank gegangen seien, um die Angestellten aufzuklären. Plötzlich stand der Leiter der Bank vor ihnen. »Wenn ich das gewußt hätte«, erzählte die kleine Frau mit rheinischem Akzent, »wär' ich da nie reingegangen. Ich kann doch mit so einem nicht reden! Ich weiß ja gar nicht, was ich sagen soll.« (Ich dachte an den Propheten Jeremia, als ich das hörte!) Als der leitende Herr von der Bank aber anfing, über Südafrika zu sprechen, merkte diese schüchterne Frau bald etwas, das sie sehr erstaunte. »Der wußte viel weniger als wir! Der kannte sich gar nicht aus!« sagte sie. Wie sollte er auch, da Säuglingssterblichkeit, Foltermethoden und Polizeiterror ja nicht zu seinen Geschäften gehören. Mit dieser Entdeckung kam die Kraft. Die Frauen hatten sich ja lange und in vielen Gesprächen vorbereitet. Die Angestellten hörten nun gespannt zu, wie ihr Leiter nichts mehr zu erwidern hatte.

Es ist eine kleine Alltagsgeschichte von der Stärke der Schwachen. Von der Kraft der Ohnmächtigen. Von der Auferstehung aus dem Tod, in dem wir uns eingerichtet haben.

Diese Kraft geht auch von den südafrikanischen Christen aus; diese Stärke hilft mir leben, gerade nach den Niederlagen des Friedens in

unserem Land. Es ist die Kraft der Auferstehung, es ist die Gewißheit der Wahrheit. »Truth *will* make us free«, wie wir singen. Eine Unbeirrbarkeit, daß das System des Verbrechens zusammenbrechen wird, daß Gott endlich – nach fünfzig Jahren – die Gefangenen befreien wird und den entrechteten Recht geben wird. Wenn ich den südafrikanischen Christen zuhöre, glaube ich manchmal, es müsse noch während meiner Lebenszeit geschehen, noch, ehe ich sterbe. Das macht mich so glücklich, daß ich denke, wir werden auch den anderen Drachen, der über uns herrscht, vertreiben können, den Militarismus. Es wundert mich, daß ich diese Ermutigung von denen bekomme, die so lange und so bitter leiden. Ich weiß dann wieder, daß wir kein Recht haben, aufzugeben und uns dem Diktat der Militärgewaltigen zu unterwerfen, solange unsere Schwestern und Brüder dort unter so viel größeren Demütigungen und Leiden weiterkämpfen.
»Sehet, welche Menschen!« klingt es herüber und erinnert uns an den, der mit Gott eins war, unzerstörbar, den Erstgeborenen unter vielen Schwestern und Brüdern.

Karl-Josef Kuschel

Ecce Homo

Der Karfreitagsmann in der Gegenwartsliteratur

»Der arme Vetter«: Heines Distanz und Identifikation

Er ist 46 Jahre alt, als das Heimweh ihn wieder nach Deutschland treibt. 12 Jahre lebt er nun schon in Paris und hat seine Heimat seither nicht wiedergesehen. Jahre der Erfolge und Konflikte liegen hinter ihm: der Kampf gegen die Mächte der Metternichschen Restauration, der Staatsreligion vor allem, wo Potentaten und Pfaffen Arm in Arm demokratisch-republikanischen Geist auszurotten trachten, der zermürbende Kampf gegen Zensur und Verbot der eigenen Schriften, besonders in Preußen, gegen Spitzel und Denunzianten, ehemalige Freunde und alte Feinde ... Was er auf seinem Weg durch Deutschland im Oktober 1843, ob in Aachen oder Köln, Paderborn oder Minden, Hannover oder Hamburg wahrnimmt, gerät ihm zu einem satirischen Poem aus Traumbildern: *Deutschland – ein Wintermärchen*. Doch plötzlich – es ist bei Paderborn – tritt ihm mitten auf der Reise in Gestalt eines Bildstocks der Mann am Kreuz entgegen. Sechs Strophen lang entsteht ein Ecce-Homo-Gedicht, das in der deutschen Literatur seinesgleichen sucht:

»Mit Wehmut erfüllt mich jedesmal
Dein Anblick, mein armer Vetter,
Der du die Welt erlösen gewollt,
Du Narr, du Menschheitsretter!

Sie haben dir übel mitgespielt,
Die Herren vom hohen Rate.
Wer hieß dich auch reden so rücksichtslos
Von der Kirche und vom Staate!

Zu deinem Malheur war die Buchdruckerei
Noch nicht in jenen Tagen
Erfunden; du hättest geschrieben ein Buch
Über die Himmelsfragen.

Der Zensor hätte gestrichen darin
Was etwa anzüglich auf Erden,
Und liebend bewahrte dich die Zensur
Vor dem Gekreuzigtwerden.

Ach! hättest du nur einen andern Text
Zu deiner Bergpredigt genommen,
Besaßest ja Geist und Talent genug,
Und konntest schonen die Frommen!

Geldwechsler, Bankiers, hast du sogar
Mit der Peitsche gejagt aus dem Tempel –
Unglücklicher Schwärmer, jetzt hängst du am Kreuz
Als warnendes Exempel!« (Caput XIII)

Ein einzigartiges Zwiegespräch in der Tat zwischen dem getauften Juden *Heinrich Heine* und dessen armen jüdischen »Vetter« aus Nazaret, einzigartig in der Kombination dreier, auch künftig für das Ecce-Homo-Motiv in der deutschen Literatur stilbildenden Verfahrensweisen: ironische Distanz, identifikatorische Selbstdeutung und politische Archetypisierung. Keine Frage: Der Ton dieses Textes ist der scheinbarer Überlegenheit; die *Ironie* für diesen Autor die einzig mögliche Weise des Umgangs mit einem Geschehen, das voll ist von theologisch-sakraler Befrachtung. Gerade davon aber möchte Heine es befreien. Typisch für die moderne Literatur ist er darin, daß er das Ecce-Homo-Motiv aus jedem theologischen, liturgischen und spirituellen Kontext löst und es säkularisierend als alltägliches Grundgeschehen beerbt. *Ecce Homo:* Der Mann am Kreuz ist der Narr, der seine Quittung auf so Närrisches wie die Botschaft vom Reiche Gottes bekommen hat. Und kein Zweifel auch: Hier redet einer im Tone spöttischer Überlegenheit, als hätte er die Sache durchschaut: daß die Neuerer stets zu Narren werden, weil sie statt Taktik Taten setzen, statt Kompromisse Konfrontation betreiben. Nein, über diesen Typus »Menschheitsretter« kann man sich nur lustig machen.
Und doch: Man merkt sehr bald, daß die ironische Überlegenheit und spöttische Souveränität nur eine scheinbare ist in diesem Text, eine aufgesetzte und gespielte. In Wirklichkeit ist der getaufte Jude aus Düsseldorf, der sein Leben lang Jude blieb und es doch nicht sein wollte, der sich hatte taufen lassen, ohne Christ je sein zu können (»der Taufzettel ist das Entréebillet zur europäischen Kultur«), in Wahrheit ist der, der den »unglücklichen Schwärmer« am Kreuz durchschaut zu haben scheint (die Anpassung war nicht raffiniert genug; solches Ende ist man am Ende selber schuld), nicht »draußen«, sondern mitten drin. Die Zwiespältigkeit der Jesus-Geschichte ist die seiner eigenen und im Spiegel des Vorgängers wird man selber zum »armen Vetter«. Deshalb kennt Heine keine Hemmungen, mit solch anbiederisch klingenden Verwandtschaftsbezeichnungen Gemeinschaft herzustellen zwischen damals und heute. Denn was auf den ersten Blick als bloße spöttische Nivellierung des Kreuzesgeschehens verstanden werden könnte, ist bei ihm im Gegenteil der Versuch zu einem *Selbstportrait*, in dem er sich bis zur Kenntlichkeit entstellt sieht. Die Jesusironie ist in Wirklichkeit die Eigenironie eines Man-

nes, der sich selbst auf die Schliche gekommen ist: Hat man nicht selbst mit Kirche und Staat, mit Zensoren und Frommen, mit Geldwechslern und Bankiers zu tun gehabt? Und ist das eigene Überleben nicht Ausdruck raffinierter Anpassung an die Verhältnisse, die man gerade bekämpfte, Ausdruck also gleichermaßen der eigenen Zwiespältigkeit? Ecce Homo: Der Mann am Kreuz ist man selber, ohne freilich der eigenen Person die Konsequenzen von Passion und Kreuz zuzumuten. Bei aller Distanz also zum Karfreitagsmann (ein solches Ende wäre nicht nötig gewesen): Die Ironie des Textes ist die Maske des Betroffenen, der solche Konsequenzen nicht zog, der Spott ist die Tarnung des Respektes vor einem Weg, den der Jude aus Nazaret konsequent zu Ende ging.

Die ironische Distanz zum Zwecke säkularisierender Beerbung, die identifikatorische Selbstdeutung der eigenen Zwiespältigkeit, politische Archetypisierung strukturell gleicher Konfliktmuster (»Überall, wo ein großer Geist seine Gedanken ausspricht, ist Golgatha«): Heines nichtreligiöse, nichttheologische Rezeption des Ecce-Homo-Motivs hat Maßstäbe gesetzt für die weitere literarische Verarbeitung in der Geschichte der deutschen Literatur. Was im 20. Jahrhundert folgt, sind keine grundlegend neuen Verfahrenstechniken mehr; es sind Variatonen, Abwandlungen, Ergänzungen dieser von Heine vorgegebenen Technik von Distanz und Identifikation. *Zwei Hauptströme* lassen sich in der Gegenwartsliteratur unterscheiden: Das von Heine her vertraute Verfahren der ironisierenden Distanz wird weiter verschärft bis hin zur blasphemischen Demontage und enthusiastischen Befreiung. Auch das Verfahren von Selbstdeutung und Archetypisierung wird weiter ausgebaut und mit je eigenen Akzenten versehen.

»Kein Verletzter als Vorbild«: Von der Blasphemie zur Kreuzesverbrennung

Schon Heines Texte waren Reaktion auf den Prozeß sakraler Überhöhung und theologischer Überfrachtung des Mannes am Kreuz. *Günter Grass* 1959 in »Die Blechtrommel« ist einer der wenigen deutschsprachigen Autoren, die nicht bloß in der Nachfolge eines die Ecce-Homo-Ironie wagten, auch nicht nur in der Nachfolge Gottfried Benns pathetisch die »Ecce Homo-Schauer« beschwören wollten, die »ein paar große Männer« der Weltgeschichte erlitten hätten. Grass wagt es vielmehr, in der Nachfolge Oskar Panizzas (»Das Liebeskonzil«) eine *Ecce-Homo-Satire* zu schreiben. In den vier Kapiteln der »Blechtrommel«, in denen die Jesus-Figur eine besondere Rolle spielt (»Kein Wunder«, »Die Nachfolge Christi«, »Die Stäuber«, »Das Krippenspiel«), gerät die Auseinandersetzung mit Jesus in diesem Buch zu einer satirisch-blasphemischen Abrechnung mit der verkulteten und verkitschten Jesusfrömmigkeit im Raum des vorkonziliaren Danziger Katholizismus. Höhepunkt: die Konfrontation mit drei Jesus-Darstellungen in der Danziger Herz-Jesu-Kirche, darunter ein »vollplastischer Jesus«, der am Kreuz hängt:

»Was hatte der Mann für Muskeln! Dieser Athlet mit der Figur eines Zehnkämpfers ließ mich den Herz-Jesu-Bronski sofort vergessen, sammelte mich (...) andächtig und den Turner beobachtend vor dem Hochaltar. Glauben sie mir, daß ich betete! Mein süßer Vorturner, nannte ich ihn, Sportler aller Sportler, Sieger im Hängen am Kreuz unter Zuhilfenahme zölliger Nägel. Und niemals zuckte er! Das ewige Licht zuckte, er aber erfüllte die Disziplin mit der höchstmöglichen Punktzahl. Die Stoppuhren tickten. Man nahm ihm die Zeit ab. Schon putzten in der Sakristei schmutzige Meßdienerfinger die ihm gebührende Goldmedaille. Aber Jesus trieb seinen Sport nicht um der Ehrungen willen. Es fiel mir der Glaube ein. Ich kniete, wenn es irgend mein Knie erlaubte, nieder, schlug das Kreuz auf meiner Trommel und versuchte Worte wie gebenedeit oder schmerzensreich in Verbindung mit Jesse Owens und Rudolf Harbig, mit der vorjährigen Berliner Olympiade zu verbinden; was mir nicht immer gelang, weil ich Jesus den Schächern gegenüber unfair nennen mußte.«

Freilich: hinter dieser blasphemisch-satirischen Fassade taucht im Verlauf des Romans (von Gedanken der Identifikation Oskar-Christus her) eine zweite, figurale Deutungsebene auf, die vor allem im letzten Kapitel (»Dreißig«) sichtbar wird. Oskar, Insasse einer Irrenanstalt, der als Dreijähriger aus Protest gegen die Erwachsenenwelt sein Wachstum eingestellt hatte, um so aus der Rolle des Kindes diese besser entlarven zu können, er wird – angetan mit der Zwangsjacke des Irrenhäuslers – zu einem säkularen Schmerzensmann des 20. Jahrhunderts. Er, der Schwächling, der Außenseiter und Krüppel wird schließlich doch zu einer zeitgenössischen Stellvertreterfigur für unschuldiges Leiden und närrisches Außenseitertum und damit für die (christliche) Dialektik von Stärke und Schwäche, Macht und Ohnmacht, Scheitern und Sieg.

Ganz anders *Günter Herburger* in seiner Kindergeschichte »Birne in der Kirche« (1971) und seinem Zukunftsroman »Jesus in Osaka« (1970). »Birne« ist in diesen Abenteuergeschichten für Kinder ein technischer Gegenstand mit menschlichen Eigenschaften, die Glühbirne einer Straßenlaterne, die nachts »arbeitet«, tagsüber aber auf Entdeckungsreisen geht. Die Geschichte beginnt damit, daß Birne mit »der schönen Frau« eine Kirche besichtigt. Die »schöne Frau« erklärt die Bedeutung dessen, was in der Kirche geschieht, und Birne wird stutzig: »Ich finde das blöd, in jeder Kirche hängt dieser Jesus am Kreuz. Er sieht schrecklich aus, und die Geschichten, die man erzählt bekommt, sind alle alt. Warum hat man überhaupt Kirchen, wenn alles, was damit zu tun hat, längst vergangen ist?« Draußen vor der Kirche passiert ein Verkehrsunfall. Doch anstatt den Verletzten zu helfen, stehen die Leute nur herum und reden. Da bittet Birne Jesus, von seinem Kreuz herunterzusteigen und zu helfen. Als aber die Leute merken, daß Jesus vom Kreuz heruntergestiegen ist, werden alle ganz aufgeregt und wollen ihn wieder in die Kirche zurücktragen. Doch Jesus weigert sich: »Wollt ihr denn immer einen Verletzten als Vorbild?« Er entzieht sich der Menge und zieht aus der Kirche aus: »Seitdem wird in Kirchen wieder gelacht, vielleicht sitzt Jesus auch manchmal unter der Gemeinde, auf jeden Fall hängt kein Verletzter mehr am Kreuz. Die Kreuze wurden abgeschafft.«

Wen an dieser Geschichte nur stört, wie drastisch und salopp zugleich hier vom Gekreuzigten geredet wird, hat deren Hintergründigkeit nicht verstanden. Auch diese Geschichte ist Reaktion auf einen Prozeß sakraler Überhöhung und ekklesialer Domestizierung, die aus Jesus einen sozial folgenlosen Fetisch frommer Anbetung gemacht hat. Die Enttabuisierung ist damit nur die Befreiung Jesu zu seiner eigentlichen Bestimmung: der Praxis aktiver Solidarität und dienender Nächstenliebe. Gleichzeitig ist die Geschichte Reaktion auf die Spätfolgen einer fatalen Wirkungsgeschichte christlicher Kreuzestheologie, die im ethischen Bereich mit Verweis auf den »Verletzten als Vorbild« Werte wie Hingabe, Schicksalsergebenheit und Demut privatistisch verengt als »christliche Tugenden« propagierte. Sinnspitze dieser Erzählung ist somit die Verlebendigung des toten, passiv in die Kirche eingekapselten Jesus und die Befreiung in die Welt hinein zu den konkreten Nöten und Hoffnungen der Menschen; gleichzeitig die »Verlebendigung« der Kirche zu einem Raum befreiter Menschlichkeit. Anders gesagt: Herburgers Auseinandersetzung mit dem Ecce-Homo-Motiv führt letztlich zu dessen *Selbstaufhebung*, eine Selbstaufhebung, die Herburger ein Jahr zuvor in seinem Zukunftsroman »Jesus in Osaka« in einer dramatischen Szene gar als eine von Jesus selbst vorgenommene Kreuzesverbrennung inszeniert hatte.

»Ich, wäre ich Christus«: Ecce Homo als Rollenspiel

1976 legte der Dramatiker *Heinar Kipphardt* einen Roman über das Leben des schizophrenen Dichters Alexander März vor. Dieser Roman ist eine einzige Anklage gegen heute gängige Behandlungspraktiken in psychiatrischen Kliniken, wo Patienten oft nicht geheilt, vielmehr mittels teils subtiler, teils brutaler medizinischer und psychiatrischer Disziplinierungs- oder Abrichtungstechniken erst vollends deformiert werden. Daran kann auch der »fortschrittliche« Psychiater in diesem Roman, Kofler, nichts ändern, der neue Wege therapeutischer Behandlung (Therapiegemeinschaft) zu gehen versucht, aber an der Bürokratisierung der Psychiatrie letztlich scheitert. Der Roman wird eingerahmt von zwei Szenen, in denen der Patient Alexander März jedesmal in der Nähe der Klinik auf einem Baum die Rolle des gekreuzigten Christus spielt. An der Straße, die dort vorbeiführt, hat er ein Schild angebracht, das in seine Richtung zeigt: »Ecce Homo« lautet die Aufschrift. Gleich in der ersten Szene kommt es zu einem Gespräch zwischen Alexander und dem Psychiater Kofler:

»Ich staune, Herr März. –
Die psychiatrische Wissenschaft erstaunt zu sehen, das ist ein schönes Gefühl. –
Wieso eigentlich Christus? –
Christus wäre recht. Ich, wäre ich Christus, wäre recht. –
Was interessiert sie an Christus? –
Daß er wie ich von seinesgleichen ermordet wurde. –
Sie? Warum? –
Ich bin nichts wert, ich kann mich nicht einordnen. –
Wollen sie sich denn einordnen? –
Wenn ich könnte, möchte ich gern wollen.«

Deutlich wird: Die Ecce-Homo-Rolle ist für diesen Patienten Identifikations- und Warnrolle zugleich. Denn Christus verkörpert für ihn eine (noch) unerreichte Form menschlicher Ganzheit, noch nicht erreichter Identität. Zugleich ist die Ecce-Homo-Rolle unübersehbares Warnsignal an eine Gesellschaft, die Außenseitertum mit Wahnsinn identifiziert und in psychiatrische Kliniken abschiebt. Das Buch endet denn auch mit einem einzigartigen Fanal. Als die Therapie scheitert, schlüpft Alexander März zum letztenmal in die Rolle des Gekreuzigten, um sich auf seinem Baum selbst zu verbrennen. War bei Herburger die Selbstverbrennung des Kreuzes Ausdruck enthusiastischer Selbstbefreiung von Ängsten und Neurosen, so ist bei Kipphardt die Selbstverbrennung des »Gekreuzigten« das Protestfanal eines Außenseiters, dem auch die Schutzrolle des »Ecce Homo« nichts nutzte, um dem Wahnsinn der Gesellschaft zu entgehen. Die Ecce-Homo-Rolle also war die letzte Zufluchtsstätte für einen Verfolgten, der keine Stätte mehr hatte, Realsymbol dessen, daß in diesem von einer »wahnsinnigen Gesellschaft« deformierten Menschen auch Christus mitgekreuzigt ist.

Stellvertretung: Sinnbild der Conditio Humana

»Bei Kriegsende sah ich zum ersten Mal Bilder aus den Konzentrationslagern (...) Am schlimmsten waren mir die Leichenhaufen: all diese nackten, hilflosen Körper, wie ein Lager von verrenkten Puppen übereinandergestapelt«, schrieb 1966 Hilde Domin in einem »Offenen Brief« an die jüdische Glaubensgefährtin Nelly Sachs, die wie sie dem Grauen knapp entronnen war. In diesem geschichtlichen Kontext ist das Kreuzesgedicht »Ecce Homo« zu verstehen, das *Hilde Domin* 1970 in ihrem Gedichtband »Ich will dich« veröffentlichte:

»Weniger als die Hoffnung auf ihn
das ist der Mensch
einarmig
immer
nur der gekreuzigte
beide Arme
weit offen
der Hier-Bin-Ich.«

Ein Text, der in der Tat Annäherung betreibt an das, was man die Conditio Humana nennen könnte. Schon das Zitat des lateinischen »Ecce Homo« im Titel evoziert den Doppelaspekt des Textes: »Seht, welch ein Mensch« ist ebenso gemeint wie »Seht – der Mensch«. Von diesem Kontrast »Mensch schlechthin« und »Der Gekreuzigte« lebt dieses Gedicht. Die erste Zeile steht dabei wie ein zweiter Titel über dem Ganzen: Der Mensch ist so beschaffen, daß er stets hinter den Hoffnungen zurückbleibt, die man auf ihn setzt. Menschsein ist also immer verkürztes, sich verfehlendes, hinter sich selbst zurückbleibendes Menschsein, was die erste Strophe im Bild von der Einarmigkeit zu versprachlichen versucht. Mit der zweiten Strophe kommt die Antithese ins Spiel, evoziert durch das »nur«: der »gekreuzigte« ist durch die beiden weit geöffneten Arme gekennzeichnet. Die Kleinschreibung läßt dabei wieder bewußt in der Schwebe, ob hier der Mensch als »gekreuzigter« oder der »Gekreuzigte« direkt gemeint ist. Die assoziative Anspielung auf den Karfreitagsmann, der hier als Kontrastfigur einarmigen Menschseins fungiert, ist aber unüberhörbar.
Die Reflexion auf die Conditio Humana muß aber auch im *geschichtlichen Kontext* bedacht werden, den Hilde Domin in ihrem »Offenen Brief« evozierte. Nelly Sachs hatte in einem ihrer Gedichte einmal das jüdische Schicksal so gedeutet: »An uns übt Gott Zerbrechen«, und Hilde Domin kommentiert jetzt: »Nur in dem stimmt es: An uns wird etwas mehr ›Zerbrechen‹ geübt als an anderen. Exemplarischer wird es geübt, wieder und wieder, soweit das Gedächtnis des Abendlandes reicht. Bitte, mißversteh mich nicht, ich glaube nicht, daß wir da sind, damit die Conditio Humana an uns auf offener Bühne wieder und wieder vollstreckt werde, stellvertretend und ohne Milderung, Lehrbeispiel eines Weltenlenkers, der unser als Demonstrationsobjekt bedürfte. Die Theologen sehen da manchmal eine Art höheres Programm. Ich sehe nur die Tatsache, die sehr irdische, geschichtliche Tatsache, ich stelle sie fest: mit Grauen (...) Den Juden ist häufiger und krasser die Rolle des Ecce Homo zugefallen, aufgedrängt worden, als anderen.« Und gerade hier, in der Zurückweisung jeder theologischen Ausdeutung des Leidensschicksals der Juden im Sinne eines »höheren Programms« Gottes, im Sinne einer Theologia positiva treffen sich Schriftsteller jüdischer wie christlicher Provenienz (vgl. etwa ein Colmar-Gedicht von Eva Zeller).

»Wie aus dem stein den glauben«: Das Geheimnis des Kalvarienbergs

In seinem 1981 erschienenen Gedichtband »Auf eigene Hoffnung« veröffentlicht *Reiner Kunze* das Gedicht »Auf dem Kalvarienberg bei Retz im Januar«:

Auch der weinstock ist ein gekreuzigter

Wie er sich in seiner nacktheit krümmt, die arme
zur seite gebunden

Ganz die gebärde des erlösers
am sandsteinkreuz

Und *blut und wasser* wird zur beere, aus der sie
jahr für jahr
den süßen einträglichen wein keltern

Wie aus dem stein den glauben

So viele gekreuzigte auf dem weg zu dem einen

Ein eigenartiger Text, doppelbödig schon in seiner ganzen Anlage. Die erste Zeile bereits erlaubt ein subtiles Wechselspiel von Realismus und Symbolik: die Gekrümmtheit und Gebundenheit der Weinstockreben läßt assoziativ an den Mann am Kreuz, den Gebundenen und Angenagelten denken. Die gekrümmten Arme sind ja in der Tat des »Erlösers« Gebärde, anschaulich noch in aller Konkretheit durch das Kreuz aus Sandstein, das sich auf dem Berg bei Retz befindet.
Das Stichwort »Erlöser« freilich leitet auf den zweiten, dichteren Smybolteil des Textes über: Blut und Wasser. Ohne daß der Text an dieser Stelle den Symbolbezug zum Kreuzesgeschehen explizit herstellen muß, drängt sich auch hier der Vergleich zu Golgatha auf, zu der geöffneten Wunde des Nazareners, aus dem Blut und Wasser geflossen war. Statt aufdringlicher Symbolik, verschlüsselt der Text den Sinn seiner Aussage zum Paradox (»wie aus dem Stein den Glauben«) und endet »offen«. Anders gesagt: Kunze nutzt die Tatsache, daß der konkrete Kalvarienberg bei Retz zugleich ein Weinberg ist, um das paradoxale Geheimnis des christlichen Kreuzesgeschehens in aller Drastik und aller Ungeheuerlichkeit symbolisch zu verdichten. So wie die Beere des Weinstocks zerquetscht werden muß, um »süßen,

einträglichen wein« zu ergeben, so wie im Vorgang des Kelterns die Vernichtung erst den Genuß vermöglicht, so muß auch der Gekreuzigte erst zerbrochen werden, damit sein Tod die »Erlösung« erbringt. Wahrhaftig: ein Geschehen, das so wenig »begreiflich« ist, so hart zu verstehen wie ein Stein, aus dem man »Glauben« keltern wollte. Daß es aber vieler »gekreuzigter« bedarf, um zu dem einen zu gelangen, macht die paradoxale Verrätselung des Sinns dieses Textes vollends deutlich.

Ein merkwürdig problematischer Text, dieses Gedicht von Reiner Kunze, das aus dem Rahmen hier bisher bedachter Ecce-Homo-Texte unübersehbar herausfällt. Heine konnte das Kreuz nur als Symbol eines politisch gescheiterten »Menschheitsretters« darstellen, um damit sein eigenes Scheitern ironisch-gebrochen zu reflektieren. Grass hielt sich den fromm ausgebeuteten, verkitschten und verkulteten Karfreitagsmann durch blasphemische Demontage vom Leib, und konnte gerade so seinem Anti-Helden Oskar indirekt Züge des Ecce-Homo geben. Günter Herburger konnte mit dem Gekreuzigten nur in der Weise der Selbstaufhebung umgehen, um den »Fetisch der Frommen«, das Angstsymbol des religiösen Neurotikers enthusiastisch zu vernichten. Bei Kipphardt erschien die Ecce-Homo-Rolle als Zitat. Er nutzte ihre dramatischen Möglichkeiten, um gegen eine Gesellschaft zu protestieren, die Außenseiter und Unangepaßte als »Wahnsinnige« kreuzigt. Gerade diese Rolle des Gekreuzigten als Schutz- und Warnrolle für Außenseiter sollte eine »christliche« Gesellschaft herausfordern, die ihre selbstproduzierten Krisen und Widersprüche verdrängt. Hilde Domin und Nelly Sachs wagten vom Kreuz nur als Symbol des Schmerzes, des Zerbrechens zu sprechen, als Universalsymbol für menschliche Passion und geschichtliche Katastrophen schlechthin. Kreuz war für sie nur in der Negation von »Sinn«, von »höherem Programm« Gottes benennbar: Lyrik am Rande des Verstummens, Sprache auf der Grenze zur Sprachlosigkeit.

Kunze geht einen Schritt weiter und hierin liegt die Zwiespältigkeit seines Gedichts. Er beläßt es nicht bei der Benennung der Schmerzenssituation, der Drastik des Brutalen; er versucht, ganz auf der Linie neutestamentlicher Theologie (Jo 12,24f.), Annäherung an den Sinn des Geschehens (Weinberg/Kalvarienberg): Tod und Leben sind eine Einheit, Vernichtung erwirkt Verdienst, Zerstörung geht neuer

Lebensqualität voraus. Ein Rückfall in affirmative christliche Illustrationspoesie? Lyrik als Sinnstiftung? Als Glaubensbestätigung? Kaum. Auch Kunze kann als Lyriker des ausgehenden 20. Jahrhunderts den Sinn einer solchen Ungeheuerlichkeit nur mit offenem Ende präsentieren, Sinn nur in paradoxaler Verschlüsselung bejahen.
Der Karfreitagsmann in der Literatur: kritische Erhellung der conditio humana in ihrer Zweideutigkeit und Doppgelgesichtigkeit. Literatur und Theologie: hier sind sie verbunden in »gemeinsamer Absage an banalisierende, versöhnende, harmonisierende, verschleiernde, idyllisierende Weltauslegung: beide mit den ihnen eigenen Mitteln erhellend, wie jene Theologie aussehen könnte, die das Absolute welthaft vermittelt« (W. Jens).

Jürgen Döring

Bilder vom Leid

»Ecce Homo« als Thema der bildenden Kunst

Aus Zeitungsphotos, Tagesschaubildern oder Wildwestfilmen ist die Szene jedem sofort geläufig: Ein Verbrecher wird abgeführt und dabei nur kurz den Blicken der Öffentlichkeit, vertreten durch Kameras, präsentiert. Er trägt Handschellen oder ist gefesselt und wird womöglich noch von Bewachern mit Waffen bedroht. Den Kopf hält er gesenkt und versucht nicht selten, sein Gesicht zu verbergen – offenbar

sind Zuschauer peinlich und bedeuten so etwas wie eine zusätzliche Strafe, gegen die sich der Delinquent zu schützen sucht.
Die öffentliche Anprangerung und Zurschaustellung von Verbrechern war seit der Antike bis weit ins 19. Jahrhundert hinein eine geläufige Methode des Strafvollzugs. Die Bestrafung war eine kommunale, allgemein zugängliche Angelegenheit, an der die ganze Bevölkerung teilnahm. Oft waren es gerade die öffentliche Bekanntmachung einer Straftat und die Zurschaustellung des Täters, die diesem die Ehre nahmen und damit nicht selten den schwersten Teil der Bestrafung darstellten. Städte und Kommunen besaßen spezielle Geräte zur Ausführung dieser Strafen: Kleinere Diebe, Gotteslästerer, Prahlhanse oder Streitsüchtige wurden an den Pranger gestellt, bekamen Schandmasken übergestülpt – übergroße geschnitzte oder aus Eisen geschmiedete Köpfe mit Eselsohren und langer Nase – oder wurden rittlings auf hölzerne Esel gesetzt. Gemeinsam war diesen Strafformen der öffentliche Spott und Hohn, der den Delinquenten gesellschaftsunfähig machte und ihn aus der damals noch viel engeren sozialen Gemeinschaft ausschloß.
Vor fast genau 500 Jahren malte der niederländische Künstler Hieronymus Bosch (um 1450–1516) eine derartige Zurschaustellung eines Verbrechers. Dieser steht auf einem bühnenartigen Podest, umgeben von seinen Wächtern und den Stadtoberen, die ihn dem höhnenden Volk präsentieren. Er ist als Zeichen seiner Schande nackt und weist am ganzen Körper blutige Spuren der Folter auf. Seine Haltung ist gebeugt; mit gefesselten Händen versucht er seine Blöße zu bedecken.
Den Zeitgenossen Boschs war, schneller noch als dem heutigen Betrachter die spezifische Aussage des Bildes gegenwärtig: Es ist nicht irgendein Verbrecher, dem hier seine gerechte Strafe widerfährt, sondern es ist Christus, der von den Juden verspottet wird. Die Rollen von Gut und Böse sind also vertauscht; aus dem öffentlich ausgestellten und geschmähten Verbrecher ist der gepeinigte Gottessohn geworden.
Es handelt sich bei diesem Motiv um ein traditionelles Bildthema, das im Kanon der Passionsdarstellungen mehr oder minder regelmäßig zu finden ist. Der Name dieses Bildthemas lautet »Ecce Homo« (Sehet welch ein Mensch) nach dem Ausspruch des Pilatus, mit dem dieser die Juden auf den gepeinigten Christus hinweist.

Hieronymus Bosch, Ecce Homo, um 1485. Oel auf Holz, 75 × 61 cm, Städelsches Kunstinstitut Frankfurt.

Johannes erzählt als einziger der Evangelisten in seinem Passionsbericht von der Schaustellung Christi durch Pilatus (Kapitel 19,4–6). Er läßt sie im Anschluß an die Geißelung, Dornenkrönung und Verspottung stattfinden. Der derart gepeinigte Christus wird dann den vor dem Richthaus versammelten Juden vorgeführt, wo Pilatus erklärt, daß er keine Schuld an dem Gefangenen finde: »Da kam Jesus heraus, den Dornenkranz und das Purpurgewand (noch von der vorangegangenen Verspottung her) tragend. Und er (Pilatus) sagte zu ihnen: Da ist der Mensch! Als ihn nun die Hohenpriester und die Diener sahen, schrien sie: Kreuzige, kreuzige!« (Joh. 19,5–6).
Hieronymus Bosch hat die Szene exakt vergegenwärtigt. Die erbärmliche Gestalt Christi mit der Dornenkrone, dem Umhang und den Spuren der Geißelung am ganzen Körper ist von den Peinigern umgeben; durch den Kreuznimbus – ein Heiligenschein in Kreuzform oder mit eingeschriebenem Kreuz, der allein Christus zusteht – ist dieser eindeutig zu identifizieren. Hinter ihm, bärtig, mit Richtstock und betont exotischer Kopfbedeckung, steht Pilatus. Als einziger in der Umgebung Christi hat er einen ausgeglichenen Gesichtsausdruck; schließlich sieht er allein die Unschuld des Angeklagten und wirbt mit dem Ausspruch »Ecce Homo« um Verständnis bei den Zuschauern. Diese Worte sind ihm in goldenen gotischen Lettern neben den Kopf geschrieben, genauso wie den Zuschauern unten die Antwort »Crucifige eum«. Dieser verdammenden Inschrift bedarf es kaum; die spottende, ablehnende Gestik der Menschenmenge ist auch so beredt genug. Doch es ging dem Künstler schließlich darum, die Szene nicht nur phantasievoll auszumalen, sondern er versah sie obendrein durch die Bibelzitate und den Rückgriff etwa bei der Christusfigur auf einen als historisch beglaubigt geltenden Typus mit einem dokumentarischen Charakter: So und nicht anders wurde Christus damals dem Volk gezeigt.
Zusätzlich war der Künstler sorgsam darauf bedacht, die Gestalten in seinem Bild zu charakterisieren und ihren negativen Charakter durch versteckte oder auch offensichtliche Symbole gewissermaßen zu belegen. In dem kleinen Fenster des Richthauses sitzt eine Eule, hier als ein Zeichen des Bösen zu verstehen, ähnlich wie die Kröte auf dem Schild des Soldaten ganz rechts auf satantische Herren schließen läßt. Die betont häßlichen und häufig im Profil gezeigten Gesichter sind

gleichfalls als eindeutige Hinweise der Boshaftigkeit zu verstehen. In einer Zeit, in der Krankheit als Gottesstrafe gesehen wurde, konnten körperliche Gebrechen und Häßlichkeit konsequenterweise als Zeichen der Verdammnis und Gottlosigkeit gelten. Als konkrete politische Anspielung auf die damalige Situation sind die phantasievolle Kopfbedeckung des höhnenden Bärtigen rechts von Christus und der kleine Halbmond auf der Fahne in der Stadt im Hintergrund zu werten: Turban und Türkenflagge lassen die Peiniger Christi als Mohammedaner erscheinen, die seit der Eroberung Konstantinopels 1453 bis zu den Türkenkriegen um 1700 eine ständige Bedrohung des christlichen Abendlandes darstellten.

Bei dem Gemälde des Hieronymus Bosch handelte es sich offenbar einmal um ein Epitaph, d. h. es gehörte zu einem Grabdenkmal, das in der Kirche aufgehängt war und das das Gedächtnis an die Stifter auch noch nach deren Tod lebendig erhalten sollte. Die im unteren Viertel des Bildes schemenhaft angedeuteten Gestalten sind durch Restaurationsarbeiten freigelegt worden. Sie stellen die Auftraggeber des Bildes in knieender, anbetender Haltung dar. Der ihnen in den Mund gelegte Ausspruch ist noch zu lesen: »Salve nos Christe redemptor« (Errette uns Christus, Erlöser). Die Stifter – wahrscheinlich handelte es sich um ein Ehepaar – bezeugen mit dieser Anrufung des Gottessohnes, daß sie nicht zu dem gottlosen Mob rechts gehören und fordern die Betrachter auf, mit ihnen den gedemütigten und verspotteten Christus anzurufen. Das in der Kirche hängende Grabdenkmal wird so zum Träger von christlicher Verkündigung und erhöht seine Aussagekraft zusätzlich durch die zeitgeschichtlichen Bezüge zu den Türkenkriegen und gleichfalls durch den Bezug der Bildform zu der aus dem Alltagsleben bekannten Verspottung eines Verbrechers.

Ecce Homo-Darstellungen, die seit dem frühen Mittelalter vereinzelt als Buchillustrationen vorkamen, verselbständigten sich im 15. Jahrhundert zu eigenständigen Andachtsbildern. Die Szene trat neben andere häufig dargestellte Episoden des Lebens Christi und seiner Passion, angefangen bei der Verkündigung an Maria, über die Geburt Christi, die Anbetung der Könige, Gefangennahme, Geißelung, Dornenkrönung, bis hin zu Kreuztragung, Kreuzigung und Auferstehung, um nur die wichtigeren Bildthemen aufzuzählen. Die Darstellung und Ausschmückung dieser Episoden ging dabei durchaus nicht nur von der Bibel aus, sondern griff fast gleichermaßen auf Passions- und Mysterienspiele zurück, die im hohen und späten Mittelalter äußerst verbreitet waren. Das Leben Christi und auch vieler Heiliger wurde so zum selbstverständlichen Bestandteil des mittelalterlichen Alltags. Bezüglich der Schaustellung Christi heißt es beispielsweise im Donaueschinger Passionsspiel: »Nu gat Pilatus und nimpt den Salvator und fürt und hept im den mantel uff und spricht zun Juden: ecce homo.« Gerade der Aspekt der öffentlichen Schaustellung wurde offenbar auch hier betont; durch das Aufheben des Mantels kam der nackte und verletzte Körper zum Vorschein. Die damals nicht selten von mystischen Vorstellungen begleitete Versenkung in das Leiden Christi fand in den Darstellungen einzelner Episoden der Passion Objekte der Andacht und Anbetung.

Bis ins 17. Jahrhundert hinein gehörten *Ecce Homo*-Darstellungen zu den beliebtesten Bildthemen und fanden sich besonders auf Epitaphen, waren aber auch auf Altären oder in der Druckgraphik anzutreffen. Zahlreiche Versionen des Themas sind bekannt, geschaffen mitunter von so bedeutenden Künstlern wie Dürer, Rembrandt oder Daumier. Nicht immer wurde die Stelle des Johannesevangeliums wie bei Bosch in aller Ausführlichkeit erzählt, sondern oft auf den Handlungszusammenhang verzichtet und die Darstellung auf nur wenige Protagonisten beschränkt. Dabei bildeten sich einige über Jahrhunderte gleichbleibend anzutreffende Bildtypen heraus; so beispielsweise das Zweifigurenbild von Christus und Pilatus oder auch nur die einsam die Zeichen ihres Leidens vorzeigende Christusgestalt. Der letztgenannten Bildform sehr verwandt ist der sogenannte *Schmerzensmann*, ein zumeist sitzender Christus mit den betonten Anzeichen der Geißelung und mit der Dornenkrone – wie beim *Ecce Homo* – und zusätzlich den Wundmalen von der Kreuzigung versehen.

Bei den folgenden Beispielen handelt es sich um zwei dieser aufs Wesentlichste beschränkten Darstellungen des *Ecce Homo*. Sie entstanden beide über vier Jahrhunderte später zu einem Zeitpunkt, als das Thema in seiner traditionellen Darstellungsform bereits einen ursprünglichen gesellschaftlichen Kontext weitgehend verloren hatte und der Aktualisierung auf andere Weise bedurfte. Die *Ecce Homo*-Bilder des 20. Jahrhunderts sind vorrangig als Zeugnisse der individuellen künstlerischen Auseinandersetzung des Malers mit dem Leidensweg Christi zu verstehen. Sie entstanden nicht wie früher als Auftragsarbeiten, sondern aus dem persönlichen Interesse des Künstlers heraus, der dann ohne Rücksicht auf Auftraggeber mit der Konvention und Bildtradition viel freier umgehen konnte.

Der *Ecce Homo* des Lovis Corinth (1858–1925) entstand 1925 als eines der letzten Bilder des Künstlers. Es war ursprünglich nur wenige Jahre nach seiner Entstehung von der Berliner Nationalgalerie angekauft worden, wurde aber von den Nationalsozialisten als entartet beschlagnahmt, 1939 in Luzern versteigert und hängt heute in Basel.

Aus Berichten der Witwe des Künstlers sind wir näher über die Entstehung des Werks unterrichtet. Corinth hatte sich schon über zehn Jahre gedanklich mit diesem Bildthema auseinandergesetzt und nahm es schließlich in den Ostertagen seines letzten Lebensjahres in Angriff. Aus dem zeitlichen Zusammenhang zwischen dem vorösterlichen Passionsgeschehen und der Bildentstehung gerade in diesen Tagen spricht die persönliche Auseinandersetzung des Künstlers mit der Passion Christi. Es heißt, das großformatige Bild sei in wenigen Tagen in Corinths Atelier gemalt worden. Als Modelle holte sich der Künstler befreundete Kollegen auf die Eile herbei; für die Christusfigur stand ihm der Maler Leo Michelson Modell, für Pilatus der Schriftsteller Michael Grusemann und für den Kriegsknecht der Maler Paul Paeschke.

Die drei Personen sind in Dreiviertellänge und sogar etwas überlebensgroß nebeneinandergestellt; Vordergrund und Hintergrund fehlen völlig. So kommt es zu einer unausweichlichen Konfrontation zwischen ihnen und dem Betrachter, und dieser sieht sich dadurch gewissermaßen in die Rolle des verurteilenden und höhnenden Zuschauers versetzt. Mit heftigen diagonalen Pinselstrichen sind die Gestalten vergegenwärtigt, links Pilatus, in seinem weißen Kittel an einen Arzt gemahnend, in der Mitte im traditionellen Rot des Purpurumhangs Christus, mit Dornenkrone und Stock als Hinweise auf die vorhergehende Verspottung kenntlich gemacht, und rechts der

---

Lovis Corinth, Ecce Homo, 1925. Oel auf Leinwand, 190 × 150 cm, Öffentliche Kunstsammlung Basel, Kunstmuseum. Colorphoto Hans Hinz.

Kriegsknecht, in eine anachronistische Ritterrüstung gesteckt. Der massige, grimmige Kopf des Kriegers überragt die andern beiden und betont die physische Gewalt, die von ihm ausgeht. Die statuarische Christusgestalt ist leicht nach vorn geschoben und verharrt in einer geradezu herausfordernden Passivität, die gefesselten Hände anklagend vorgestreckt.

Bei der Rollenverteilung und den Attributen Christi hält sich Corinth eng an die Tradition des Bildthemas, doch verläßt er sie gänzlich bei den Gesichtern. Der bartlose Christus ist genauso ungewöhnlich, wie der Pilatus mit dem modernen Haarschnitt eines Mitteleuropäers. Ohne Zweifel beruht ein großer Teil der Kraft des Bildes auf der Intensität dieser individuellen Bildnisse, wie auch in der aggressiven, aber gleichzeitig meisterhaft beherrschten Malweise.

Auf eine ganz andere Art wiederum geht der Künstler des dritten hier ausgewählten Bildbeispiels an sein Thema. Otto Pankok (1893–1966), ein Expressionist der zweiten Generation, beschränkt sich in seinem *Ecce Homo* allein auf Christus, dem er mit einer Mischung aus psychologisierender Einfühlung und expressionstischer Formübersteigerung eine äußerst eindringliche Gestalt verleiht. Ähnlich wie auch Beckmann hält Pankok sich in vielem an die Vorgabe der Geschichte: Purpurmantel und Schilfrohr verwiesen auf die vorangegangene Verspottung als König der Juden, desgleichen die Dornenkrone, deren erstaunliche Ausmaße die Christusgestalt noch kleiner und bedrückter erscheinen lassen.

Die asketisch übersteigerte Figur erscheint als Inbegriff des demütigen Leidens. Die geschlossenen Augen, der schmächtige Körper deuten wie auch die ganze Haltung auf die physische Ohnmacht Christi. Die Hände sind entgegen der Geschichte nicht gefesselt und auch auf die Darstellung von Spuren der Geißelung hat der Künstler verzichtet. Unversehens gerät so die erbärmliche, gepeinigte Christusgestalt zu einer hoheitsvollen Erscheinung, zu deren Wirkung gerade die Attribute der Verspottung – Dornenkrone und Umhang – wesentlich beitragen. Hier steht tatsächlich der König der Juden, den weder

---

Otto Pankok, Dornenkrönung, 1933/34, Kohlezeichnung, 128 × 97 cm, mit freundlicher Genehmigung des Otto-Pankok-Museums.

Schönheit noch Größe auszeichnen, sondern der sich durch übermenschliche Demut und Ergebenheit legitimiert.
Pankoks *Ecce Homo* – der Künstler selbst betitelte die Zeichnung entgegen der Tradition als *Dornenkrönung* – entstand 1933/34 als Teil eines Passionszyklus, der sich aus sechzig großformatigen Kohlezeichnungen zusammensetzt (der Zyklus ist zur Zeit im Kunstmuseum Düsseldorf ausgestellt). Als Otto Pankok 1933 fünf der Bilder aus dem Passionszyklus zu einer Ausstellung einschickte, hängten Mitglieder vom »Kampfbund für deutsche Kultur« sie noch vor Ausstellungsbeginn wieder ab. Der Künstler, der offensichtlich die Zeichen der Zeit noch nicht ganz verstanden hatte, beschwerte sich daraufhin und berief sich – zu Recht – auf die Tradition der deutschen Kunst: »Ich bin mir mit allen Menschen, die meinen Zyklus sahen, bewußt, daß in diesen Bildern eine Tradition aus der reinsten und schönsten deutschen Vergangenheit wieder auflebte. Wenn diese meine Bilder das Licht des Tages scheuen müssen, dann muß das Volk von Cranach, Dürer, Grünewald und Konrad Witz geschützt werden. Dann sind die Dome und Museen zu schließen.« In der Tat wurden nur wenige Jahre später, 1937, große Teile der Museen ›geschlossen‹: Fast 17000 Werke wurden von den Nationalsozialisten aus deutschen Museen als »entartet« entfernt – darunter, wie schon erwähnt, auch Corinths *Ecce Homo*. Pankoks Bilder überlebten diese Jahre nur im sicheren Versteck.
1936, ein Jahr vor der Aktion »Entartete Kunst«, konnte noch eine Buchausgabe der *Passion* erscheinen, die jedoch noch vor ihrer allgemeinen Verbreitung von der Gestapo konfisziert wurde. Die berüchtigte SS-Zeitung *Das schwarze Korps* druckte im Januar 1937 unter der Überschrift »Gotteslästerung 1936« einen üblen Hetzartikel gegen die Passion Pankoks. Der Ton dieses Artikels schwankt zwischen gemeiner Beschimpfung (»sadistische Pornographie«) und hämischem Spott (»Christus scheint überdies an einem angeborenen Genickwirbelbruch zu leiden, was aber auch mit einiger Phantasie und den nötigen Bibelkenntnissen als Demut ausgedeutet werden könnte«). Speziell zum dort als Beispiel abgebildeten *Ecce Homo* heißt es: »Wir sind gespannt darauf, zu erfahren, wie sich die maßgeblichen christlichen Kreise zu dieser schamhaft verzerrten Keuschheitsapostel-Gestalt mit dem Storchennest auf dem Kopf stellen.«

Der übertriebene Hohn des SS-Autors zeugt jedoch indirekt von der Wirkung und Kraft der Pankokschen *Passion*; gleichzeitig stellt er sich gewissermaßen in die Fußstapfen der Verurteiler des gegeißelten, gepeinigten und verspotteten Christus, der ja gerade nicht schön, erst recht nicht »arisch« war.
Die Werke von Pankok und Corinth zeugen eindrucksvoll von der persönlichen Auseinandersetzung dieser Künstler mit dem Leiden Christi. Ihre Gestaltungen des *Ecce Homo* zielen auf die Konfrontation von Betrachter und Opfer, so daß sich die Situation von betroffenem Zuschauer und zur Schau gestelltem leidenden Christus wiederholt und der heutige Betrachter zur individuellen Parteinahme herausgefordert wird. Hieronymus Bosch dagegen, der zu einer Zeit malte, als der Wahrheitsgehalt der biblischen Geschichte noch nicht infrage gestellt wurde, zog die Betrachter auf eine ganz andere Weise mit ein: Wie die ursprünglich links unten im Bild vorhandenen anbetenden Stifter wurden sie zu außenstehenden Zeugen einer möglichst wirklichkeitsbezogen dargestellten Begebenheit, in der sich Gut und Böse klar voneinander getrennt gegenüberstehen.

Heinrich Albertz

Immer wieder?

Jedesmal, wenn ich in den letzten Jahren von einem Kirchentag nach Hause fuhr, habe ich mich gefragt, wird dies, muß dies nun nicht langsam mein letzter sein? Für alte Leute ist nämlich jeder Kirchentag eine anstrengende Felddienstübung, selbst wenn man privilegiert, wie ich bin, in einem schönen Hotel wohnt. Dabei sind es weniger die eigenen Beiträge, die anstrengen. Natürlich gibt es auch das, z. B. das aufregende Gespräch, das ich vor Tausenden von Zuhörern in atemloser Stille mit unserem Gast aus der DDR, Stefan Hermlin, führen durfte. Aber das, was einen »mitnimmt«, in jedem Sinn des Wortes, sind ja die Menschen, die einem begegnen, die einen ansprechen oder freundlich grüßen, und die unzähligen Diskussionen am Rande, in der Hitze, auf dem Messegelände geführt oder bis tief in die Nacht an irgendeinem Wirtshaustisch. Kann man das alles wirklich noch einmal mitmachen?

Aber wenn dann, ja meistens schon Monate vorher, der erste Brief aus Fulda kommt, um einen z. B. für einen Eröffnungsgottesdienst als Prediger einzuladen oder wenn man erfährt, was nun in Frankfurt geplant ist an Begegnungen mit Leuten aus dem anderen deutschen Staat, dann bin ich sicher, daß ich vermutlich noch am gleichen Tag den zusagenden Brief zurückschicke. Also noch einmal wieder in Frankfurt.

Ich werde mich dann an den letzten Kirchentag in Frankfurt erinnern, 1975, unmittelbar nach dem Spektakel der Lorenz-Entführung und einem Podiumsgespräch mit Helmut Schmidt, als er noch ansprechbar war und nicht auswich, wie dann leider später unmittelbar vor der Raktenaufrüstung in Hamburg. Und ich werde hinfahren. Und es wird wieder entsetzlich anstrengend sein. Und ich werde am Schluß wieder fragen, muß das nicht das letzte Mal gewesen sein?

Warum eigentlich? Wahrscheinlich doch, weil die Kirchentage auch für einen alten Menschen oder gerade für ihn unverzichtbar bleiben, solange es nur physisch geht, volles, pralles Leben unter Menschen zu spüren, die versuchen, so etwas wie Christen zu sein oder danach zu fragen, was es denn mit diesem merkwürdigen Jesus von Nazareth auf sich hat. Kirchentage sind ja in unserer vielfach gewendeten Bundesrepublik, in allen halben und ganzen Lügen, mit denen wir täglich leben müssen, ein letzter Ort von frischer Luft und Freiheit. Sie sind sehr großräumig geworden und fast unübersehbar. Und jeder kann nur einen kleinen Ausschnitt für sich selber in Anspruch nehmen. Aber sich selbst kann er ganz einbringen, todmüde oft, nach langen Fahrten und unbequemen Nächten, aber dabei.

Ich möchte vielen wünschen, daß sie 1987 nach Frankfurt fahren können.

Die Autoren

Heinrich Albertz, geb. 1915 in Breslau, Vikar und Pfarrer der Bekennenden Kirche; 1948–1950 Flüchtlingsminister, 1951–1955 Sozialminister in Niedersachsen; 1955–1965 verschiedene politische Ämter in Berlin-West, 1966–1967 Regierender Bürgermeister von Berlin-West, 1970 Niederlegung des Abgeordnetenmandats, 1971–1979 Pfarrer in Berlin-West, seit 1979 im Ruhestand.

Volkmar Deile, geb. 1943; Theologiestudium in Wuppertal, Berlin und Mainz (1963–1970); Viktariat von 1970–1974; 1975–1984 geschäftsführender Pfarrer bei Aktion Sühnezeichen/Friedensdienste; 1985 Friedensforschung im Zusammenhang mit der Forschungsstätte der Ev. Studiengemeinschaft Heidelberg; seit 1. 7. 1986 bei der Arbeitsstelle »Konzil des Friedens« des Deutschen Evangelischen Kirchentages; verheiratet und 4 Kinder.

Jürgen Döring, M. A., geb. 1954; Studium der Kunstgeschichte und Anglistik in Göttingen; Studienaufenthalte in den USA und Frankreich; Forschungsschwerpunkte Grabdenkmäler und Karikaturen, christliche Kunst; wohnt mit Frau und Kind als Autor in Göttingen.

Klaus Eulenberger, geb. 1946 in Preetz; Gemeindepastor in Hamburg-Wandsbek mit ausgeprägt theologischem Interesse; oft verstörter Zeitungsleser; neugierig, wie es weitergeht: »mit allem«, mit meinen drei Kindern, mit mir selbst.

Hermann Häring, kath., geb. 1937, verheiratet und drei Kinder; Studium der Philosophie (München) und Theologie (Tübingen); 1970 Promotion über das Kirchenbild in der Bultmannschule; 1978 Habilitation mit einer Arbeit über das Böse bei Augustin; 1980 auf einen Lehrstuhl für dogmatische Theologie an der Universität Nijmegen (Niederlande) berufen; beschäftigt sich mit Fragen der Ökumene, der Christologie und der Problematik des Bösen.

Peter Kollmar, geb. 1946; Theologiestudium in Marburg und Göttingen; Gemeindepastor in Hannover-Herrenhausen (1976–1982); beauftragt von der Landeskirche zur Vorbereitung des Kirchentages 1983 in Hannover; seit 1984 Leiter der Presse- und Informationsstelle Hannover der Ev.-luth. Landeskirche Hannovers.

Siegfried von Kortzfleisch, geb. 1929, Theologe und Journalist, Dr. theol., vielseitige publizistische Tätigkeit; Mitglied im Vorstand des Gemeinschaftswerkes der Evang. Publizistik; dem Kirchentag seit 1952 verbunden; Vorsitzender seines publizistischen Ausschusses; lebt in Hamburg.

Karl-Josef Kuschel, geb. 1948; Studium der Germanistik und Theologie; 1977 Promotion an der Universität Tübingen bei Hans Küng und Walter Jens; Akademischer Rat am Institut für ökumenische Forschung in Tübingen; Lehrbeauftragter am kath.-theol. Institut Tübingen.

Pinchas Lapide, geb. 1922, jüdischer Theologe und Religionswissenschaftler; Promotion und Habilitation; Gastprofessuren an theologischen Fakultäten in Deutschland und der Schweiz; lebt als freier Schriftsteller in Frankfurt/M; zahlreiche Veröffentlichungen zu Problemen des Neuen Testaments und zum jüdisch-christlichen Dialog.

Elisabeth Moltmann-Wendel, geb. 1926 in Herne; Theologiestudium in Berlin und Göttingen, Promotion; verheiratet und vier Kinder; Publizistin; Veröffentlichungen – außer Zeitungs- und Zeitschriftenartikeln – Theologie und Kirche bei Hermann Friedrich Kohlbrügge, München 1956; Hoffnung jenseits von Glaube und Skepsis, ebd. 1964; Sintflut und Arche, Wuppertal 1967; Menschenrechte für die Frau, München 1974; Freiheit, Gleichheit, Schwesterlichkeit, München 1977; Frauenbefreiung – biblische und theologische Argumente, 2. Aufl. von »Menschenrechten ...« 1978.

Peter von der Osten-Sacken, geb. 1940; Theologiestudium in Göttingen, Kiel und Heidelberg; 1964–1967 Vikariat in Göttingen; Promotion 1967; Habilitation 1973; seit 1973 Professor für Neues Testament an der Kirchlichen Hochschule Berlin; seit 1974 Leiter des Instituts Kirche und Judentum bei der Kirchlichen Hochschule Berlin.

D. Dr. Kurt Scharf, D.D., geb. 21.10.1902 in Landsberg/Warthe (ehemals Neumark); 1928 Pfarrer; seit 1933 in Sachsenhausen (Nordbahn); seit 1933 stellv. Vorsitzender im Pfarrernotbund; 1938 Vorsitzender der Konferenz der Landesbruderräte der Bek. Kirche; 1961 Vorsitzender des Rates der Evang. Kirche in Deutschland; 1966 Bischof v. Bln-Brdbg. gesamt; ab 1969 für Berlin-West bis 1976.

Luise Schottroff, geb. 1934 in Berlin; Theologiestudium in Berlin, (1953–1960); 1960 Promotion, 1969 Habilitation; seit 1972 Professorin für Neues Testament in Mainz; verheiratet mit Willy Schottroff, einem Alttestamentler; ein erwachsener Sohn.

Dorothee Sölle, geb. 1929, Dr. phil. habil. lebt in Hamburg und hat seit 1975 eine Professur am Union Theological Seminary in New York inne. Frau Sölle ist Autorin zahlreicher Bücher.

Wolfgang Teichert, geb. 1944; Studium der Theologie und Philosophie in Tübingen, Hamburg und Kiel; 1974–1984 theol. Redakteur beim Deutschen Allgemeinen Sonntagsblatt; seit 1984 Studienleiter an der Evang. Akademie in Hamburg.

Antje Vollmer, geb. 31. Mai 1943 in Lübbecke/Westfalen; Studium der evang. Theologie von 1962–1968 in Berlin, Heidelberg, Tübingen und Paris; 1973 Promotion bei Helmut Gollwitzer und Karl Kupisch; von 1971–1974 Pastorin in Berlin-Wedding; 1976–1982 Tätigkeit an der evang. Heimvolkshochschule Lindenhof (Bethel), 1983–1985 MdB in der Fraktion der Grünen, seit 1985 Mitglied der Grünen und weitere Mitarbeit in der Bundestagsfraktion, Spitzenkandidatin der Grünen (NRW) für die Bundestagswahl 1987.

Günter Wallraff, geb. am 1.10.1942 in Burscheid bei Köln, Buchhändlerlehre bis 1962, anschließend trotz Kriegsdienstverweigerung zehnmonatiger Kriegsdienst ohne Waffe, arbeitete bis 1965 in verschiedenen Industriebetrieben. Die Erfahrungen aus dieser Zeit gaben den Stoff zu seinem ersten Reportagenband »Wir brauchen Dich«. Wallraff arbeitete als Redakteur der Zeitschrift Pardon, später als fester Mitarbeiter bei Konkret. Lebt heute als freier Autor in Köln. Mitglied im P.E.N. seit 1971.

Quellennachweise

Die von Siegfried v. Kortzfleisch beigetragene Auslegung der Kirchentagslosung »Seht, welch ein Mensch« erschien zuvor in der Einladungs-Broschüre für Frankfurt/M 1987 zu Beginn der Vorbereitungen.
Günter Wallraffs »Predigt von ganz unten« ist mit frdl. Genehmigung des Autors in Auszügen entnommen: Günter Wallraff, Predigt von unten. Steidl Verlag, Göttingen 1986 (Das kleine Buch, hrsg. v. Klaus Staeck), S. 17–33

S. 102: aus: Heinrich Heine, Sämtliche Schriften. Herausgegeben von Klaus Briegleb. Bd. 4 (c) 2. Auflage 1978, Carl Hanser Verlag München/Wien.
S. 105: aus: Günter Grass, Die Blechtrommel. (c) 1959 Hermann Luchterhand Verlag, Darmstadt/Neuwied.
S. 107: aus: Heinar Kipphardt, März, (c) 1976, 1978, 1984 by Pia Maria Kipphardt
S. 108: aus: Hilde Domin, Ich will Dich. Gedichte, (c) R. Piper & Co. Verlag, München 1970.
S. 110: aus: Reiner Kunze, Auf eigene Hoffnung. Auf dem Kalvarienberg bei Retz im Januar, (c) S. Fischer Verlag, Frankfurt/M.

S. 112:
Pressefoto der dpa/Deutsche Presse-Agentur GmbH, Frankfurt/M.